「第7回パートナーシップ大賞」受賞事例集

NPO & 企業
協働評価

目指せ！「パートナーシップ大賞」

パートナーシップ・サポートセンター（PSC）
岸田 眞代 編

はじめに

　社会のさまざまな課題を、NPOと企業という民間の自由なアイデアと資金で、協働によって解決していこうという「パートナーシップ大賞」の目的は、「第7回」を経過して、よりその意味を深めています。
　企業にとっては、事業活動を、より地域や社会の要請に応えるチャンスであり、また自社で働く人たちの想いや誇りを醸成するチャンスでもあります。結果として、企業評価を高めることにもつながります。
　NPOにとっては、企業との協働によって、さまざまな角度から組織を見直すチャンスでもあり、また自分たちのミッションを社会に広く示すチャンスでもあります。結果として、NPOとしての力量と評価を高めることにもなります。
　こうした当初から意図してきたねらいは明確になってきました。企業の事業活動が、聴覚障がい者の活動を支援したり、車いす通学の不便を解消したり、しかも協働相手としての当事者だけでなく、社会全体への広がりまでもしっかりと見えてくる――私たちが「パートナーシップ大賞」に求めた姿でもあります。
　ただ、この「パートナーシップ大賞」は、あくまでNPOと企業の協働が成立した事業のみを対象としており、そこに行きつくまでの道のりこそ実は遠いという現実に、私たちはすぐ気がつきました。
　そこで、「NPO＆企業　協働アイデアコンテスト」という、「パートナーシップ大賞」を支える事業を経済団体（シンクタンク：財団法人中部産業・地域活性化センター）と新たにつくったのでした。それが、この「第7回」で花開いたのです。今回のグランプリは、「第2回協働アイデアコンテスト」の最優秀賞を獲得したNPOが、企業との協働を成立させ、グランプリに輝いたのです。「協働アイデアコンテスト」と「パートナーシップ大賞」のコラボレーションが功を奏したのです。
　もう1つの成果は、本書の第2部です。「パートナーシップ大賞」に応募しながらも、入賞を果たせなかった多くの事例があります。もちろん、必ずそ

の理由などもきちんとフィードバックしてきたつもりですが、さらにその原因を詳しく知り、協働のレベルを上げたいと考えたNPOと企業の熱い想いから始まったコンサルティングの記録です。

　私たちは、「パートナーシップ大賞」が、とてもハードルの高い賞であることを自覚しています。NPOだけでも、企業だけでも応募すらできず、さらに、「協働」が地域や社会にどれだけ有益かという、その質をも問いかけるものになっている「パートナーシップ大賞」。そう簡単には入賞できないといっても過言ではありません。が、ご応募いただいたすべてのNPOと企業の方たちへの深い感謝とともに、もう少しここを工夫できたらもっといい協働になるのに、と考える事業はたくさんあります。そうした中で、今回応募事業についてのコンサルティングというチャンスをいただき、その内容を皆様にお伝えできるのは、この上ない喜びです。

　まさに今、NPOと企業の協働が、「新しい公共」の、中心的役割を果たすものとしてその評価はより高まっていますし、期待が日々大きくなっていることも事実です。そうした中で、NPOと企業の協働のあり方を、よりレベルアップしたい、と思ってくださるNPOや企業がいることは、私たちにとって、心強い限りです。今回、コンサルティングをほぼそのままの形で皆様に具体的にお示しできたのは、私どもに意見を求めてくださったNPOと企業の寛大な心と誠実さに他なりません。そのことに心から感謝しております。

　もちろん、これは1つの事例にすぎませんし、コンサルティングも決して完璧なものではありません。しかし、これをオープンにすることで、他の多くの協働事業を実践している方々に、私たちの求めている協働の意味や「パートナーシップ大賞」の意味をお伝えできるとしたら、これ以上うれしいことはありません。

　NPOと企業の「協働評価」の視点は、私たち自身が作り上げてきたものです。ご批判も含め、ぜひ「パートナーシップ大賞」へのますますの注目とご支援を心から期待しております。

　　2011年8月18日

　　　　　　　　　　　　　　　　　　　　　　　　　　岸田　眞代

Contents

はじめに 2

第Ⅰ部　第7回パートナーシップ大賞事例

第7回パートナーシップ大賞グランプリ受賞事例
case1 ●「モバイル型遠隔情報保障システム普及」事業
誰もが情報を得やすい社会づくり 8
NPO法人長野サマライズ・センター
＋国立大学法人筑波技術大学、ソフトバンクモバイル株式会社

第7回パートナーシップ賞受賞事例
case2 ●「高齢化する村を応援するプロジェクト」事業
全社員3000人が全国61ヵ所で一斉にボランティア 18
NPO法人棚田ネットワーク＋アストラゼネカ株式会社

case3 ●「車いす用雨カバー『ヌレント』開発」事業
1人でも多くの車いす利用者が外出し活躍できる機会を 26
NPO法人クックルー・ステップ＋トヨタハートフルプラザ福岡

case4 ●「『未来をつなぐ夢はさみ』美容職業訓練」事業
日本の美容技術の指導でアジアの若者の自立を支援 34
認定NPO法人国境なき子どもたち
＋ヘンケルジャパン株式会社シュワルツコフ プロフェッショナル事業本部

case5 ●「食資源循環活動による環境のまちづくり」事業
市民主導の「生ごみ再資源化」
熱意溢れる活動は全国へ 42
NPO法人伊万里はちがめプラン＋有限会社北九給食センター、医療法人光仁会

case6 ●「高齢者介護施設ビューティーキャラバン」事業
企業・NPO・大学の連携を通じて
介護施設入居高齢者に「ハレの場」を 50
NPO法人全国福祉理美容師養成協会＋東海ゴム工業株式会社

調査事例
case7 ●「NECワーキングマザーサロン」事業
美しい母がふえれば、世界はもっとよくなる
輝け！ワーキングマザー 58
NPO法人マドレボニータ＋NEC（日本電気株式会社）

case8 ●「ソーラーカーを用いた体感型環境教育」事業
再生バッテリーを利用した
ソーラーカーがやってきた！ ……………………………63
NPO法人紀州えこなびと＋株式会社浜田

case9 ●「ぎふ・エコライフ推進プロジェクト」事業
「レジ袋有料化へのチャレンジ」から
「市民の環境行動＝エコライフ」の追求へ ………………68
西濃環境NPOネットワークぎふ・エコライフ推進プロジェクト実行委員会
＋フードセンタートミダヤ、丸魚フードセンター、ほか 850店舗

case10 ●「エコトレイン未来のゆめ・まち号」事業
線路はつづく、みんなのエコへ ……………………………73
NPO法人環境市民＋阪急電鉄株式会社

case11 ●「うんち教室およびうんち教室研修会」事業
トイレから社会を変える！
よりよい社会の担い手づくり ………………………………78
NPO法人日本トイレ研究所＋王子ネピア株式会社

第Ⅱ部　目指せ！「パートナーシップ大賞」──協働評価のポイント──
NPO＆企業　応募事例コンサルティングの記録 …………84

第Ⅲ部　データで見る第7回パートナーシップ大賞
第1章●募集プロセスおよび応募事業一覧 …………… 120
第2章●審査プロセスおよび評価方法 ………………… 125

■筆者紹介 ……………………………………………………… 135

第Ⅰ部

第7回
パートナーシップ大賞事例

case 1

「モバイル型遠隔情報保障システム普及」事業

誰もが情報を得やすい社会づくり

第7回パートナーシップ大賞グランプリ受賞

NPO法人長野サマライズ・センター ＋ 国立大学法人筑波技術大学
ソフトバンクモバイル株式会社

　歴史を振り返ってみると面白い発見があります。電話機の原理を発明したグラハム・ベルの妻は、聴覚障がい者でした。彼の父は視話法を開発するなど、聴覚障がい者の教育に力を注いでいました。ベルは父の研究からヒントを得て、聴覚障がい者のために音響の波動を見せる機器の開発に取り組んでいましたが、その研究が電話機の発明へとつながったのです。電話機は聴覚障がい者に必ずしも恩恵をもたらしませんでしたが、ベルには「聴覚障がい者に多くの情報を伝えたい」という強い想いがあったのです。

　2001年以降、わが国ではICT（Information and Communication Technology：情報通信技術）の利活用により元気・安心・感動・便利社会を目指した取り組みが行われてきました。今やICTの利用・環境整備や利用者のレベルは、世界最高水準に達したといわれています。電話機の発明による音声情報の伝達に始まり、電話回線を使用したFAX通信からインターネット回線を利用した電子メール、IP電話などへ多様な進化を遂げ、ICTは私たちの日常生活を支えるインフラとして、なくてはならない存在となりました。

　ICTの進歩はめざましいものがあります。しかし、聴覚障がい者はその恩恵を十分に受けているとはいえない現実があります。株式会社第一生命経済研究所（2007年）「企業の障害者雇用に関する調査」によると、聴覚障がい者の職場でのコミュニケーション方法は「手書きでの筆談」「読唇」が中心であり、ICTを活用したコミュニケーション方法は電子メールやチャットなどに限られています。ICTを活用して音声情報を視覚情報に転換することは、聴覚障がい者のみならず、健聴者にとっても役立つ方法です。ここで紹介する「モバイル型遠隔情報保障システム普及」事業は、社会に存在するさまざまなコミュニケーションの壁を取り除き、ノーマライゼーション（障がい者が一般社会で普通に生活できるようにすること）の実現に向けた大きな一歩となるでしょう。

1 情報を得やすい社会をめざして

協働事業の目的

情報通信革命で人々を幸せに

　ソフトバンクモバイル株式会社は、孫正義社長が率いるソフトバンクグループの無線通信サービスを提供する企業です。2006年、ソフトバンクがボーダフォン日本法人を買収し、新たにソフトバンクモバイルが誕生しました。国内の携帯電話市場では、ドコモ、auに次ぐ第3位の市場シェアを有しています。(2011年3月末現在)

　ソフトバンクは、「デジタル情報通信革命で、人々を幸せに」という経営理念を掲げてきました。孫社長は新たに発表した「ソフトバンク新30年ビジョン」の中で、「著しい進化を遂げている情報テクノロジーを正しく役立てることを企業の使命と位置づけ、情報通信を通じて人と人をつなぐことで、人々の喜びを増やし悲しみを少しでも減らしたい」と述べています。

　携帯電話やインターネットの普及が犯罪を生み、有害情報を世の中に氾濫させたという負の側面があることも事実ですが、現代社会のコミュニケーションツールとして、私たちには欠かせない存在となりました。ソフトバンクモバイルは独自の「社会的投資プログラム」を通じて、情報通信技術を活用して「子どもたちの健全な育成を図る活動」、「障がい者を支援する活動」および「環境課題の解決や保護につながる活動」に取り組むNPO法人などを支援してきました。

文字のやりとりで「わかる」コミュニケーションを

　1996年、NPO法人長野サマライズ・センターは、パソコン要約筆記を行う地域サークルとして長野県塩尻市に誕生しました。2005年にNPO法人認証を取得し、講演会、議会などでパソコン要約筆記を提供するとともに、長野県内各地で要約筆記者養成講座の開催、パソコン要約筆記専用ソフトのマニュアル作成・販売を手掛けてきました。

　パソコン要約筆記とは、話者の音声情報を文字に変えて聴覚障がい者に伝える手段です。中途聴覚障がい者や難聴者、手話未習得者にとって要約筆記は大切なコミュニケーションツールとなっており、難聴児を持つ保護者もパソコン要約筆記の通訳者として参加しています。長野サマライズ・センターの活動は、聴覚障がいがあっても多くの可能性を秘め

た子どもたちを、社会や企業で役立つ人材に磨き、光らせたいという想いが支えているのです。

事務局長の小笠原恵美子さんは「これまでのように行政に依存するだけではなく、より広い社会に向けて理解と認知を求める必要性を強く感じた」と述べています。しかし、NPOだけで解決できる課題には限界がありました。理想を一歩でも実現するため、小笠原さんは産業界に向けて協働事業の提案を始めたのです。こうした活動のなかで出合ったのが、ソフトバンクモバイルの社会的投資プログラムでした。

ICTは魔法の道具

それぞれの理念を掲げて活動してきた長野サマライズ・センターとソフトバンクモバイルは、これから紹介する「携帯端末を利用した聴覚障がい者（児）への新しい情報保障システムの普及に向けた協働」を行いました。まず、事業の目的についてみていきましょう。

わが国のインターネット環境の進展は目覚ましいものがあります。総務省の「通信利用動向調査」（2009年1月現在）によると、国内のインターネット利用者は推計9,091万人で、人口普及率は75.3％に達しています。また、世代別のインターネット利用率をみると、10～40代ではいずれも90％を超えています。

長野サマライズ・センターは、障がいのある方こそが社会インフラ化したインターネットからより多くの恩恵を受けるべきだと考えています。障がい者にとってインターネットは外の社会を眺めるだけではなく、障がい者自身が外に出て行くための窓でもあるのです。健聴者と同じ情報を得ることによって、障がい者は社会参加の第一歩を踏み出すことができるのです。

長野サマライズ・センターは、十分な情報保障が受けられないことによって、社会とのかかわりを持ち自立して活動することを諦めていた社会的弱者に対し、ICTを活用して情報保障を行うことを使命としてきました。

ソフトバンクモバイルは、ICTの健全利用を通じて人々が幸せになる社会づくりをCSRの基本方針としてきました。こうした理念の下で、さまざまなパートナーと協力しながら、未来を担う子どもたちや若者たちが夢の実現に向けて勇気をもって進むことを応援しています。

ICTの活用というキーワードで結ばれた長野サマライズ・センター

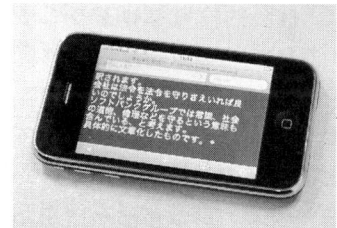
携帯電話「iPhone 3G/3GS」

マイクロホン（Bluetooth）

移動を伴う状況に適しています

とソフトバンクモバイルが目指したのは、「パソコンを持ち運ばなくても気軽に情報保障を受けたい」「情報保障を使いたいが、周りに人がいるのは嫌だな」「情報保障をしてあげたいけれど、システムが複雑でよく分からない」など、今までの情報保障で起こっていた悩みや問題を解決するための「モバイル型遠隔情報保障システム」をつくりあげることでした。

このシステムの特色は、利用者側に必要な機材が携帯電話１台と小型マイクロホン１本のみという点です。携帯電話は、「話者の音声を即座に字幕化する通訳者へ送信するための通話機能」と「字幕を受信・表示するための機能」の二役を兼ねています。たった２つの機材を利用することで技術的なサポートが不要となり、人的なコストも最小限に抑えることができます。長野サマライズ・センターとソフトバンクモバイルが取り組んだ協働事業は、ICTをCSR分野で活用した画期的な試みといえましょう。

2 フラットな関係で全員が汗をかく

協働事業のプロセス

協働事業の提案開始

では、協働事業のプロセスをみていきましょう。前述のとおり、ソフ

トバンクモバイルはCSR活動の一環として「社会的投資プログラム」（2007年度で終了）を通じた助成を行ってきました。この制度は「移動体通信を活用し人々のコミュニケーションを豊かにするプロジェクト」を支援するものでした。長野サマライズ・センターは、2006年に初めてこのプログラムに応募しましたが、これが協働事業のきっかけとなったのです。小笠原さんは「助成金はゼロでもいいので、携帯電話を活用して聴覚障がい者に情報を発信する研究開発を一緒に行ってほしい」という提案を持ちかけたのです。しかし、当時の「社会的投資プログラム」による助成は、NPO法人などが助成期間内に課題解決を達成するプロジェクトに対して支援を行うことに限定されていたため、研究開発を主体とするこの事業は、残念ながら採択されませんでした。

採択されなかった提案から学んだCSR

　通常であればここで話は終わってしまうところですが、長野サマライズ・センターから協働事業のアイデア提案を受けたソフトバンクモバイルでは新たな動きがみられたのです。「社会的投資プログラム」の助成先の選定に携わっていたCSR推進部の梅原みどりさんは、「研究活動に対して助成金を出す規定がなかったので採択できなかったのですが、この事業はぜひやりたいと思いました。そこで、研究活動に助成金を出す仕組みを新たに設けたのです」と当時の経緯をお話しして下さいました。梅原さんの前任者は、長野県松本市まで出向いて小笠原さんたちの活動を実際に見たうえで、携帯電話を利用した聴覚障がい者支援の可能性に期待を抱いたのです。翌年、ソフトバンクモバイルは「社会的投資プログラム」の中に、モバイル技術を活用した新しいアイデアで課題解決を目指す研究開発プロジェクトに助成する開発支援コースを新設しました。ソフトバンクモバイルは、一度断った提案を採択するために新しい制度を作ってしまったのです。こうして小笠原さんたちの提案は『携帯電話を活用した遠隔での情報保障システムの開発・実験』プロジェクトとして、新設された助成制度で採択されたのです。

研究開発のパートナーを探せ

　ソフトバンクモバイルは、この事業を採択する前提として、1つの条件を長野サマライズ・センターに示しました。それは事業の中核となる研究開発を行う組織を、自前で見つけてくることでした。ソフトバンク

モバイルには開発部門がありませんでしたので、研究開発を行う機能がなかったのです。

　この条件は、長野サマライズ・センターにとって大きな課題でした。この事業に関連する研究を行っている研究者を探し出すこと自体が大変難しいことですし、たとえ研究者を見つけ出したとしても、協働事業のパートナーを引き受けてくれるかどうかは分かりません。小笠原さんは、国立大学法人筑波技術大学の三好茂樹准教授に藁をもすがる思いで「研究開発に協力してください！」とお願いしたのです。三好先生は長野サマライズ・センターが制作しているパソコン要約筆記専用ソフトのマニュアル購入者でした。幸いにも、三好先生が研究開発を引き受けて下さったことで、この協働事業をスタートすることができたのです。この出会いが、「モバイル型遠隔情報保障システム」の発案につながりました。

NPO・大学・企業の対等な関係をめざして

　ソフトバンクモバイルは、ICTを活用したCSRに力を入れてきました。ICTを最も活用できる分野が障がい者支援です。同社がこの協働事業に取り組んだ背景もここにあります。この提案がなされた当初は、同社の支援プログラムは、NPO法人などへの資金提供をメインとするものでした。しかし、長野サマライズ・センターの提案を受けて、いち早く研究開発を支援プログラムに取り入れた柔軟性と行動力は、高く評価できるのではないでしょうか。NPOと企業の協働事例は増えていますが、企業目線でつくられたCSR観に基づいて、NPOに資金を丸投げして単年度で成果を求めるケースも少なくありません。NPO側の提案を受けてソフトバンクモバイルが社会貢献の仕組みを柔軟に変えて、NPOと企業が対等の関係を築くことに成功したこのケースは、協働事業の新たな道筋を示しているともいえましょう。

　次は、NPOと企業の関係についてです。協働事業では企業側が資金を提供す

左からソフトバンクモバイル梅原さん、長野サマライズ・センター小笠原さん、筑波技術大学三好さん

るケースが多いため、企業が主導権を握る傾向が強いといえます。しかし、この協働事業で特筆すべきは、NPOと企業が対等な関係を築くことに成功している点です。当初、小笠原さんは提携先をどの企業にするのか迷ったそうです。携帯電話事業者の社会貢献活動をみると、ドコモとauが先行していました。はじめは、NTTドコモに助成金なしでも構わないので研究開発のパートナーになってほしいと打診したのですが、ドコモからは、助成金なしでは書類不備で申請が却下されるという反応が返ってきたのです。一方、ソフトバンクモバイルは小笠原さんの話を聞いてくれただけでなく、実際に活動を見に来てくれたことが大きな決め手となりました。小笠原さんは「ソフトバンクモバイルの梅原さんのおかげで対等の関係が築けた」と感謝していますが、梅原さんも「上下関係を作らず、フラットな組織で、メンバー全員がそれぞれ汗をかく関係をつくる」ことを強く意識したようです。NPOと企業が、自分たちの組織に不足しているものを認識しながら、協働事業を通じてお互いに成長しようという意識を持つことで、対等な関係を築くことができたのではないでしょうか。

3 軽薄短小が生み出すメリット

協働事業のしくみ

場所を選ばない情報保障

「モバイル型遠隔情報保障システム普及」事業の内容については以下のとおりです。このシステムは聴覚障がい者が学校で授業などを受ける際に、携帯電話を使って「パソコン要約筆記」を遠隔で行うシステムです。利用者である聴覚障がい者の負担を少なくするために、使用する機材を軽量小型化している点がこのシステムの特徴です。利用する機材は携帯電話iPhone1台と話者が利用するマイクロホン1個。システムのコンパクト化に成功した理由は、iPhoneには、話者の音声を遠隔地にいる要約筆記者の携帯電話へ伝える音声機能と文字データを取得するための「パケット通信」が同時に実施できるという機能があったからです。次ページの図で示したように、聴覚障がい者が持っているiPhoneを通話状態にします。話者の音声はiPhoneを介して遠隔地にいる情報保障者（通訳者）に伝わります。音声情報を受け取った情報保障者は、その内容を字幕化します。字幕化されたデータは、インターネットを介して聴覚障がい者の手元にあるiPhoneに文字情報として送信されます。

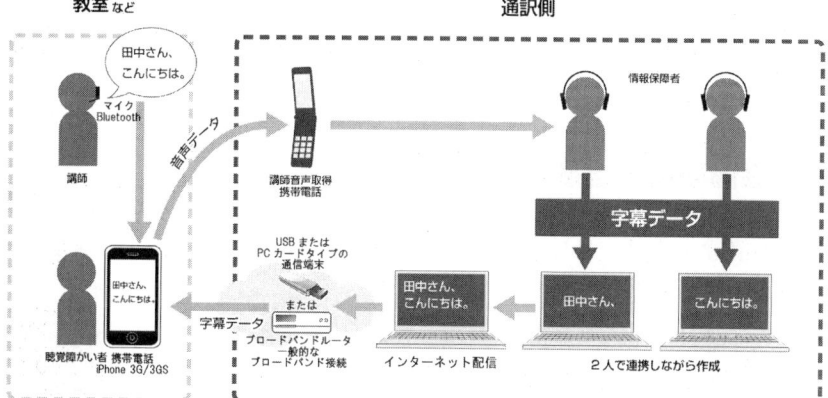

モバイル型遠隔情報保障システムの概要

　このシステムを利用する際の費用について確認しておきましょう。携帯電話を使用することから一定のランニングコストはかかります。しかし、ソフトバンクモバイルが提供している「ホワイトプラン」や「パケット定額制」を利用することで通話無料となるため、基本使用料の負担だけでこのシステムを利用することが可能です。通信コストがかかるということはありません。

　このシステムのもう1つの特徴は、「移動を伴う」状況にも対応できることです。教育現場では、実習や体育など屋内外での移動を伴う授業があります。このシステムを利用すると聴覚障がい者は携帯電話と話者のためのマイクロホンだけを持って移動すればいいので、「移動を伴う」さまざまな場面でも文字情報を受け取ることができるのです。長野県茅野市立永明小学校は、2008年から長野サマライズ・センターが行っている「要約筆記体験事業」に協力しています。同校では教室での支援に加え、屋外での行事としてプール開きや社会見学でこのシステムの導入実験をしていま

小学校でのプール実習

す。改良すべき点もありますが、聴覚障がい児がiPhoneとマイクロホンを持って移動するだけで支援を連続して受けられるという、大きな利便性が確認されています。

4 協働事業の当事者がともに成長

協働事業の成果

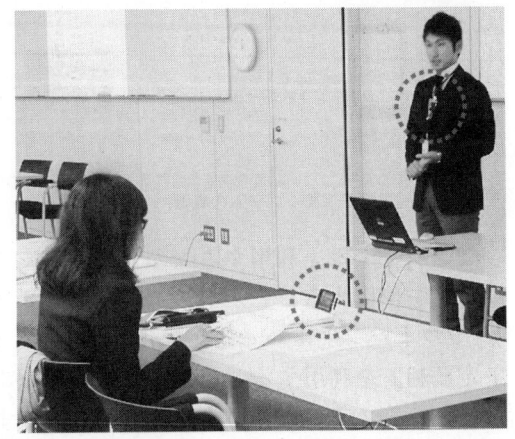

この協働事業は、身体的な障がいにより情報を収集することが困難な方々の「知る権利」を保証する有効な手段として期待されています。このシステムをさらに使い勝手の良いものにするため、協働事業の当事者である長野サマライズ・センター、筑波技術大学、ソフトバンクモバイルのほかに群馬大学、東京大学先端科学技術研究センター、MCC HubneT（モバイル・キャプショニング・センター ハブネット）を加えた6機関による実証実験（2009年3月～2010年3月）が行われました。

この実験結果の一部をご紹介します。工場見学においてこのシステムを利用した聴覚障がい者からは、講師等の発話内容の理解や移動を伴う状況での情報保障手段として、このシステムの効果を強く感じるという反応がありました。「移動を伴う」環境での情報保障に対して高い評価が得られたことから、モバイルの特性を活かした、場所を問わず良質な情報保障が受けられるシステムとしての利用拡大が期待されます。

また、協働事業の当事者であるソフトバンクモバイルは、このシステムを聴覚障がい者のために企業内研修で導入する実験を行いました。実験期間内において、ソフトバンクモバイル、ソフトバンクテレコム、ソフトバンクBBでは、合計19回、延べ約60名の聴覚障がいがある社員が参加した社内セミナーにおいてこのシステムを利用しました。梅原さんは「当初は情報保障にお金をかけることにやや戸惑いを感じていたようですが、情報保障費用として予算を確保し、定期的に利用するまでになった部署が現れたことは大きな成果として受け止めています」と社内の反

応に手ごたえをつかんだようです。ソフトバンクモバイルは、自社の障がい者雇用や教育支援への取り組みがまだまだ十分ではないと認識しているようですが、このシステムを活用する社内の部署やグループ企業が徐々に増えていることは、CSRへの取り組みが進んできた証といえるのではないでしょうか。

　この協働事業は、それぞれの当事者にとって大きな成長の糧となりました。長野サマライズ・センターは、障がい者支援団体として問題意識は高いものの、技術と資金がありませんでした。ソフトバンクモバイルとの提携は、同センターの認知度を上げるうえで大きな貢献をしています。一方、ソフドバンクモバイルは、夢と志を持つ次世代を支援したいというビジョンの下、ICTを活用した障がい者支援に取り組んでいましたが、障がい者教育の現場に入れない同社にとって、長野サマライズ・センターからもたらされる現場の声は貴重な情報となりました。

　この協働事業の成功の背景には、NPO、大学、企業それぞれが対等の立場に立ち、お互いの考え方の違いを乗り越えて、三者にとってメリットを生むWin-Win-Winの関係を築くことができた点にあるといえましょう。協働事業が当事者の意識と行動に変革をもたらし、それが各組織の成長を促すという好循環が生まれる可能性をこの事業は示しています。

（長谷川直哉）

■調査協力

小笠原恵美子氏（NPO法人長野サマライズ・センター事務局長）
梅原みどり氏（ソフトバンクモバイル株式会社総務本部CSR推進部）

審査員から…………………………………………………………

　ツイッターなどネットでいろいろなものが流行っていく中で、人間関係などが希薄化していくのではないかと危惧されている反面、今日はその利便性を駆使した素晴らしい事例を見せていただきました。このシステムを広く普及するには、国や行政の助成など、制度を変えていかなければなりません。その1つの大きなきっかけを創られたと思いますので、この活動が拡がっていくことを願い、皆さんの更なる協働にこれからも期待しています。

（永田宏和氏　NPO法人プラス・アーツ 理事長）

case 2

「高齢化する村を応援するプロジェクト」事業

全社員3000人が全国61ヵ所で一斉にボランティア

第7回パートナーシップ賞受賞

NPO法人棚田ネットワーク ＋ アストラゼネカ株式会社

　この協働事業の最大の特徴は、毎年秋の1日、会社を休業とし、約3000人の社員全員が全国各地の棚田などで農作業のボランティアを行うというところにあります。それを可能としたのが、全国の棚田にネットワークを持つNPOのコーディネート力でした。これまで7回のパートナーシップ大賞応募事例の中には、あっと驚くような協働事業がたくさんありましたが、これは過去に例のないものとして注目されました。

　減反、そして過疎と高齢化により「耕作放棄地」と呼ばれる田畑の荒廃が進んでいます。日本の水田は約250万haあり、そのうち9％、22万haが棚田。急斜面に作られた生産効率の悪い棚田では、この荒廃が一層進み、実に棚田の40％以上が耕作放棄地になっているそうです。棚田は効率が悪いと見られますが、雨水を貯蔵し水源涵養や洪水調整機能を持つこと、多種多様な小動物、昆虫、植物が複雑な生態系を築き上げていること、伝統的農作業体系が受け継がれ、昔からの里山の風情を色濃く残す独特の景観を持っていることなど多面的な役割があり、守っていく価値のあるものといえます。

　「高齢化する村を応援するプロジェクト」は、世界的製薬会社の日本法人であるアストラゼネカ株式会社の社員3000人を、NPO法人棚田ネットワークが全国数十ヵ所の保存会などの受け入れ団体とつなぎ実現した、なかなか真似のできないユニークな協働事業です。

1 「3000人が同じ日に全国で…」大胆な決定とそれを受け止めたNPO
協働のきっかけ

　アストラゼネカの親会社はロンドンに本社を置き、世界に6万人あまりの従業員を抱える巨大な製薬会社です。アストラゼネカ株式会社（日本法人）は2000年に、親会社の合併に伴いアストラジャパン社とゼネカ

社が合併してできた会社。広報部CSR担当部長の森口博史さんによれば、2004年に社員の意識調査をしたところ、外資系特有の個人主義や受身の姿勢など、企業風土がばらばらで1つになっていないという結果が出たそうです。そこで全員で何か1つ同じことをやろうということになり、社長は森口さんの前任者である前浜隆広さんに考えるよう指示しました。

　世界各地のアストラゼネカでCSRに積極的に取り組もうという方針はあったのですが、日本では本格的な社会貢献活動がまだスタートしていませんでした。全員で活動できることはないかと、社会貢献の担当であった前浜さんは東京ボランティア・市民活動センターを訪ねました。対応したのは同センターの河村暁子さん。「全社員3000人が同じ日に全国各地で社会貢献活動をしたいのですが……」と言う前浜さんの言葉に「えーっ、3000人が一斉に！」と驚きつつ、思いついたのが全国の農山村にネットワークを持つNPO法人棚田ネットワーク（以下棚田ネット）でした。アストラゼネカの社会貢献活動の領域には、医療分野（患者さんや医療・科学分野）とともに地域社会・環境分野も含まれています。棚田ネットは高齢化・過疎化が著しい農山村において棚田を守ろうと活動をしているため、両者を結びつけることができるのではないかと考えたわけです。

　医療機関を訪問し、医師などに自社の医薬品情報を提供するとともに、医療情報を収集するのがアストラゼネカの社員の主要な仕事。各社の競争が激しい中で、1日といえども休業するということは大変なことです。3000人の交通費など多額の経費支出も含め、トップの決断があったからこそ実現しました。また、前例のない取り組みは、既存の社内制度に規定がないこともあり、3000人の社員に理解してもらうため前浜さんは「七転八倒」したそうです。

2　NPOのネットワーク力で全国数十ヵ所での実施が可能に

協働の実現

　1995年、第1回の「棚田サミット」（全国棚田連絡協議会主催）に参加した高野光世さん（現棚田ネット事務局長）は、そこで展示されていた福岡県星野村の棚田の写真に強いインパクトを受け、「自分のやるべきことが見えた」と語ってくれました。そして、高野さんらの都市に住む人々が中心となって、95年「棚田支援市民ネットワーク」が結成さ

れます。目指したのは「手伝ってほしい人（棚田農家）と手伝いたい人（都市住民）をつなぐ」ことでした。会報誌の発行、棚田に関する連続講座、棚田の復田のために自ら出かけていって支援するなど取り組みを拡げ、2002年に「棚田ネットワーク」と名前を変え、NPO法人となりました。

棚田ネットの強みは、なんといっても全国各地の棚田とのネットワークです。これは、棚田研究40年、全国の棚田を実際に歩いて調査研究している代表の中島峰広さん（棚田学会会長・棚田サミット開催地選定委員長）の力が大きく、中島さんの呼びかけに多くの棚田保存会などが受け入れを快諾してくれました。

そうはいっても、こんな大きな話は初めてでした。ちょうど会議中だったメンバーは「3000人なんてできるだろうか」「実施希望日の頃は作業なんてあまりないのでは」と懸念が先行しましたが、そのうちに「できるのでは」「できそうだ」「持っているネットワークを活かせる」と前向きで楽天的な結論になっていったとのことです。

いざ現地に働きかけをはじめると、「11月なんてもう農作業が終わっているのでもっと前に来てほしい」「平日はみんな仕事を持っており休日にならないか」といった声が出てきましたが、一つひとつ説得し最終的にはアストラゼネカの意向を尊重し実施が決まったのです。初めの年は40ヵ所、沖縄分室、帯広分室の人たちは飛行機を使って参加するという壮大な「非効率」も含め、ともかく全員が参加して大成功を収めました。その後できるだけ拠点の近くにということで、これまでネットワークがないところは地元の役所に行って紹介してもらうなどして新たな受け入れ先を開拓し、2010年には61ヵ所に拡大しています。

3 3000人の1日は大きな力 ひたすら作業し交流深まる

事業の概要

ちょうど応募から審査の間に5年目のC-day（Contribution day：高齢化する村を応援するプロジェクト）があったので、筆者は「百聞は一見にしかず」と現場に出かけ、一緒に作業に参加してきました。

松本分室、長野分室の36人は、それぞれの拠点からチャーターしたバスで長野県千曲市の姨捨に向かいました。若い人たちが目立ちます。姨捨の棚田はわが国で初めて農耕地として文化庁から名勝に指定され、棚田に映る名月がふるくから「田毎の月」と呼ばれる名勝地です。受け入

全員で作業前のオリジナル体操

れてくれるのは「千曲市姨捨棚田名月会」の皆さん。会長の金井今朝男(けさお)さんにお話を聞くと、棚田の所有者は高齢化や転居でほとんど耕作は行っておらず、1996年に放棄され荒れていた棚田を復田し、市民農園として貸出す「オーナー制度」を始めたとのこと。「名月会」は市から委託を受けて、オーナー制度の世話をしながら、オーナーのいない田では自ら米作りも行っています。「若い力が来てくれることは本当に助かる。ちょうど脱穀の時期に来てくれたのでよかった。他にボランティアで来てくれる人はいないので」と毎年のアストラゼネカのボランティアには期待が大きいようでした。

　会長の挨拶、アストラゼネカのキャプテン渡邊雄隆さんの音頭でオリジナル体操のあと、さっそくグループに分かれて作業に取り掛かりました。渡邊さんは入社2年目で「これは良いことだと思い、キャプテンに立候補しました」とのこと。稲刈りが終わり干してあった稲をちょうど脱穀する日で、脱穀を手伝う役割もありましたが、ほとんどの作業は脱穀後残された稲藁を翌年のために同じような大きさに束ねる仕事です。名月会の人に、1本の藁を使って稲藁を束ね結ぶやり方を教わり、あとはひたすら束ねては積み上げる仕事。それでも30人以上がやるのですから、1枚の田んぼの分はすぐに終わり、次々に場所を変え作業していきます。こうした、急がないけれど手間のかかる仕事はとかく後回しになってしまうものですが、アストラゼネカの皆さんが参加したことで、一気に進みました。

名月会の人から指導を受け、ひたすら稲藁を束ねる

　若い女性に聞くと「リフレッシュになっていいです」。中年の男性にも感想を聞いていたら、甲信越支店長だということがわかり、トップも偉そうにせず一員となって参加している姿勢に好感が持てました。
　夕方、持ち寄りで交流会が開かれました。毎年のことだからか、初めから和気合いあいで、名月会のメンバーであり棚田ネットの会員でもある渡辺すみ子さんの音頭でゲームをしたりしながら、地元の野菜やきのこをつまみに楽しいひと時が持たれ、「また来年ね」ということで無事に予定を終了しました。

4 明確な双方の意思と、あくまで現地ニーズに応える

協働の継続

半年以上前から準備　キャプテンが燃える

　初めの頃は、社員の中に「ボランティアってどうしたらいいのか」といった疑問もあり、仲介役となった東京ボランティア・市民活動センターによる「ボランティア講座」を開催しました。同センターの河村さんは、その後もボランティア面での相談に乗ったり、C-day 当日は必ず新しい受け入れ先に出かけ支援したりするなど関わり続けており、3者によるパートナーシップと言ってもいいくらいです。
　年にたった1日のC-dayですが、それを成功させるための準備には半年以上かかっています。3月には新たな受け入れ先を探し交渉を始め、

まず棚田ネットが現地を訪問。見込みありとなったら次は棚田ネットとアストラゼネカ広報部（この役割は第1回からずっと関わっている小野亜希子さんが中心）の両者で訪問し、主旨や具体的な受け入れ方などを詰めます。7月になると、訪問先ごとの「キャプテン」が社内公募により決まり、全国からキャプテンを集めて研修が行われます。社長からのメッセージ、棚田ネットの中島代表による棚田の現状や支援の必要性についての講演などで、キャプテンは熱くなっていくそうです。ここからキャプテンの仕事が始まりますが、日常の業務をこなしながらプラスαで現地を訪問し作業内容やスケジュール、安全、交流について打ち合わせ、それを社員に伝え、当日に向けてのさまざまな準備を進めます。

成功のためのツール

現地との意思疎通を図り、主旨をきちんと伝えるために共通の「受け入れ票」を使っています。双方の希望が一致するよう工夫されたフォームにより、関係者が情報を共有し齟齬が起きないようにしています。

慣れない農作業は危険が伴います。怪我の無いよう「安全マニュアル」を全員に配布しています。そこには、カマの使い方、蜂に刺されない注意、熱射病対策、天候の急変への対応などが具体的に書かれています。これまで幸いに大きな事故は発生していません。

台風が来たことはあり、その時は一部地域の実施をずらしました。

あくまでニーズに合わせる

C-dayの日は北海道から沖縄まで全国同日で決まっています。現地はそれぞれ本当に来て欲しい日があるはずですが、それには応えられません。その代わり、現地が必要としている作業はなんでもやることが基本です。姨捨ではもっぱら稲藁作りでしたが、棚田の草刈り、林道の階段作り、りんごの葉っぱ取り、用水路の蓋設置、獣害防止用フェンスの設置、神社の清掃など、高齢化と人手不足で後回しになっていることを大人数で一気にやってしまうことで現地のニーズに応えています。

兵庫県三田市での茶畑の整備

5 社員、NPO、現地の成長
協働事業の発展

　アストラゼネカでは、毎回社員全員を対象にアンケートを行っています。2010年の結果では、C-day全体として「とてもよかった」(25%)、「よかった」(48%)と7割以上が高評価しているのに対し、「よくなかった」「全くよくなかった」は3%にとどまっています。

　また、C-dayをきっかけに具体的に促進したこと・行動したこととして、最も多いのは「社外の人にC-dayのことやアストラゼネカのことを話した」(53%)、次いで「職場内のコミュニケーションが促進した」(29%)、「リフレッシュし仕事に対して積極的に取り組むようになった」(22%)、「環境保護に配慮した行動をするようになった」(18%)となっており、「地域活動やボランティア活動に協力した」という社員が10%もいます。「業務」なのでいわば強制的に参加させられているわけですが、多くの社員が自主的なボランティアのように活動しており、意図した社員の視野拡大や一体感の醸成という目的は果たされていると言えるでしょう。

　棚田ネットはどうでしょうか。事務局長の高野さんは、「ミッションがはっきりした、ネットワークだ」と話します。自ら現場に出かけて直接支援するという取り組みも行っていますが、それには限度があります。棚田ネットのパンフレットには、「私たちは棚田の応援団です」とあり、棚田保全の人々と棚田に関心を持つ都市住民の、双方の思いをつなげることが「棚田の応援団」と明確に記されています。そして、アストラゼネカとの事業を通じて、派遣先を当初の40ヵ所から61ヵ所に増やしながら毎年交流を重ねることで、全国の棚田保存会とのネットワークが強固なものになっていきました。

愛知県新城市での棚田の整備

　では、この事業の社会的インパクトはどうでしょうか。受け入れている現地の保存会などに、アストラゼネカが毎回行っているアンケートでは、社員を受け入れたことで地域に変化があったかという質問に、「地域の人々の会話や交流が増えた」(51%)、「地

域を守っていく意欲が高まった」(49%)、「高齢化・過疎化、中山間地の環境保全などの課題について広く社会に伝えられた」(41%)(いずれも2009年の結果)などと、たった1日でも大きなインパクトを与えていることがうかがえます。毎回、多くの地方新聞が各地でのC-dayを取り上げており、社会的に注目されていることが分かります。他の企業からの問い合わせは多く、社会貢献活動のあり方として関心が高いことも分かります。残念なことは、なかなか真似のできない事業であり、後に続く企業が現れないことです。

静岡県松崎町での棚田の整備

　また、懸念されることとして、この事業が成り立つ大前提は、現地に受け入れる体制・組織があることです。しかし、受け入れる保存会自体の高齢化が進み、保存会の活動が維持していけるかという問題があります。一部に地域全体で守っていこうとNPOや財団法人を作る動きも見られますが、現地との永続的なパートナーシップによる活動も必要性が高まっているといえます。　　　　　　　　　　　　　（杉田教夫）

■調査協力
　森口博史氏（アストラゼネカ株式会社広報部CSR担当部長）
　小野亜希子氏（アストラゼネカ株式会社広報部）
　中島峰広氏（NPO法人棚田ネットワーク代表）
　高野光世氏（NPO法人棚田ネットワーク事務局長）

審査員から…………………………………………………………………
　田んぼ・棚田というのは、なかなか東京や大都会にいてはわからない、つまり一般の国民から関心が集まりにくいところです。そこへ世界的な製薬メーカーの方が、協働をはじめたというところに、大きな意義があるプロジェクトであると感じました。3000人×8時間＝2万4000時間。1つの会社からこれだけの人が棚田に向かいました。365日のうちの1日ですが、これから拡がっていく中の最初の1日であると期待しています。（森摂氏　株式会社オルタナ　代表取締役社長）

case 3

「車いす用雨カバー『ヌレント』開発」事業

1人でも多くの車いす利用者が外出し活躍できる機会を

第7回パートナーシップ賞受賞

NPO法人クックルー・ステップ ＋ トヨタハートフルプラザ福岡

　厚生労働省調査（2006年度）によると、全国の肢体不自由者は176万人、肢体不自由児（18歳未満）は5万人以上と報告されています。公共施設や駅、街の商業施設などのバリアフリー化が進み、車いすで外出する人の姿が、以前よりも多く見られるようになりました。では、雨の日はどうでしょう。傘をさして車いすで外出するのは極めて難しく、体の弱い子どもの健康にも気を遣います。介助する側は片手で傘をさして片手で車いすを押すのも困難です。それが毎日の通学だったら……？　1人の母親が、雨の日の困りごとを福祉車両ショールームのスタッフへ相談したことから始まった1つの商品は、多くの車いす利用者の"困った"に朗報をもたらしました。福岡発車いす用雨カバー「ヌレント」は全国のトヨタハートフルプラザで販売可能となり、今後の拡がりに期待が持てます。

1 障がい児を育てる不安や悩みを仲間と共有

それぞれの取り組み

　NPO法人クックルー・ステップは「すべてのチャレンジド（障がい児・者）とその保護者の力になりたい！」との想いで、2005年に福岡市内で立ちあがったチャレンジドの保護者の会です。福岡市西区にある療育センターの「はと組」に通園する母親たちが、「私たちにできることは何だろう」と、市内の療育施設の保護者向けに「クックルー通信」を発行したのが始まりです。「クックルー」というのはハトの鳴き声。チャレンジドやその親が困っていること、助けを必要としていることは、みな共通です。不安や悩みを共有し、親同士がつながることが大切だと感じていた保護者がその通信に共感し仲間となり、「少しずつ、一歩ずつ、いろんな事に挑戦していきたい！」という想いから「クックルー・ステッ

プ」は誕生し、2006年8月にNPO法人化しました。2007年には居宅と移動の福祉サービスを、2011年4月からは短期入所も始めました。

一方、トヨタハートフルプラザ福岡は、ウェルキャブ（トヨタの福祉車両）を専門に扱う総合展示場です。回転シートやリフト付き車両など、体の不自由な方が生活の一部として車を活用し、快適かつ自由に移動でき、1人でも多くの人が社会に出て活動できるための援助を目的にしています。地域密着型の展示場として行政や民間のイベントにも積極的に参画するなど、福祉団体との交流も行っています。

車いすに装着したヌレント

2 当たり前のことが当たり前にできない
～特別支援学校入学を機に～
課題が浮き彫りに

クックルー・ステップの理事長古賀裕子さんは、障がいのあるご自身の長男の移動に、それまでは主に車を使用していました。2008年4月、特別支援学校に通うことになり、スクールバスのバス停まで毎日送迎することになりました。バス停は自宅から数百メートルのところにあり、自宅から車いすを押して送迎しますが、すぐに雨の日の問題が発生します。バス停の横は駐停車禁止で車を止めることはできません。交通量の多いバス通りで傘をさして片手で車イスを操作するのは、危険が伴います。子どもにレインコートを着せ、抱っこしてバスへ移動するにも、古賀さん自身が傘をさすことができません。雨のたびに濡れていては、子どもの健康も心配です。

「せめて車いすにカバーがあったら」、と探し始めました。インターネットで検索したり、車いすメーカーに問い合わせたり、医療機関の先生や車いす仲間のママ友に聞いてみたりもしましたが、思うような製品は見つかりませんでした。

3 福祉車両の展示場に相談

共同開発の始まり

2008年8月、古賀さんは、以前訪れたことのある福祉車両総合展示場のトヨタハートフルプラザ福岡に行き、この悩みを打ち明けました。「車いすにこんな雨よけのカバーがあったら……」と思い描くスケッチを、展示場スタッフの東 誠人さんに伝えました。

「初めは、目の前で困っている古賀さん1人のことを素直に助けたいと思いました」と東さん。何とかできないかと上司である店長高本克

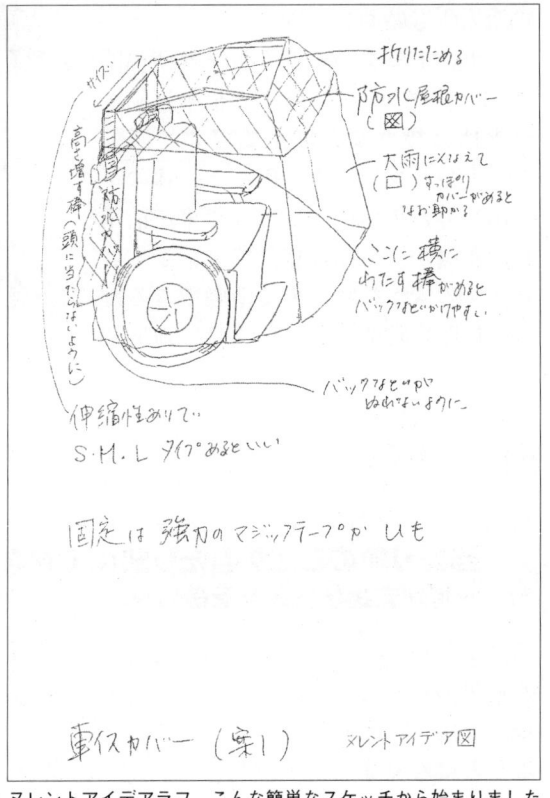

ヌレントアイデアラフ。こんな簡単なスケッチから始まりました

己さんに相談したところ、すぐに「やってみよう」となり、クックルー・ステップとの共同開発が始まりました。

福祉車両の改造などの高い技術は持っているので、制作担当との話し合いが始まり、古賀さんのスケッチをもとに試作品の第1号が仕上がるまでそれほど時間はかかりませんでした。それを支えたのは、モノづくりの会社の技術力と、古賀さんの想い、そしてそれに応える東さんの熱意でした。

4 試行錯誤を重ね、念願の実用化

協働の実現

　2008年10月、試作品第1号が完成し、古賀さんの長男が実際に使用し始めました。使ってみた感想や要望は、リアルタイムで古賀さんから東さんへ伝えられました。当初ビニールの取り付けにボタンが付いていましたが、これは面倒と分かり、子どもが中からでも、介助者が外からでも操作できるダブルジッパーに改良されました。使用中にお子さんの様子が見えるように、フードの上部と背面には透明な窓が取り付けられました。多い時は週に4回も連絡を取り合ったという2人のメールやFAX・電話などのやりとりは、両者で克明に記録され、制作に反映されます。使い勝手や要望などを話し合うために、他の障がい児の保護者やヘルパーなどが集まって、意見交換会を開催しました。

　東さんも意見交換会には根気よく同席し、親御さんや介助者の意見や要望に熱心に耳を傾けました。「雨の日に車いすやバギーを使用する際、どんな工夫をしていますか」の問いに対して、「激しい雨の日は車で送

意見交換会

迎」「お出かけをあきらめる」と答える人も少なくありませんでした。「ヌレントがあれば便利になりますか」については、「本人が傘をささなくても良いので、雨の日でも介助者なしで外出できる」「外出をあきらめなくてもよくなる」など、出席者全員が「便利になる」と回答しています。「雨でも学校に行ける！」「雨カバーがあれば移動範囲が拡がりそう」の声を受け、東さんは他にも同じような困難を抱えている人が多くいることを知ります。「撥水性は大丈夫？」「もっと軽くできないか」などの要望はそのまま制作側に伝えられました。多くの生の声に東さんは、量産するにはいかにコストを下げるかを考え始め、このモノづくりに対する考え方が固まってきたと言います。

　雨降りのある日のこと。雨よけのフードが風にあおられ、車いすを押していた古賀さんの顔にあたってしまうアクシデントがありました。幸い、大事には至りませんでしたが、そのことはすぐに東さんに伝えられ、フードを固定する部分に改良を加えました。「安全面にはいちばん気をつかっています」という東さん。企業側の熱意と工夫、「これなら使ってみたい」と思う多くのユーザーの願いが叶い、2009年6月に車いす用雨カバー「ヌレント」はついに商品化されました。「雨の日も濡れんとよー」という博多弁には温かみがあり、「福岡から発信していきたい」という想いを込めて、クックルー・ステップは「ヌレント」という名前を2009年12月、商標登録することになりました。

5　全国販売へ

成果と発展

　商品化された「ヌレント」は、2009年6月「ウェルキャブ体感フェア」でお披露目されました。そして、クックルー・ステップを中心に、主に障がいのある児童の保護者間の口コミで拡がり、1台ずつ注文が入るようになりました。「初めはS・M・Lなどの規格サイズを考えましたが……」という東さん。児童が使用する車いすはそれぞれメーカーも仕様も異なるため、全てがフルオーダーメイド。乳幼児が使うバギーにも取り付け可能です。注文した客が使う車いすを一つひとつ丁寧に採寸し、納品の際もう一度車いすに装着してビニールをカットします。納品後も、利用者からリアルタイムな情報が伝えられ、その声は次の製品に活かされます。

　2010年3月、この協働で、クックルー・ステップとトヨタハートフル

プラザ福岡は、福岡県の「ふくおかを元気にする共助社会づくり活動表彰」の「協働部門賞」（NPO・ボランティアと企業の部）を受賞しました。この賞は、福岡県が新たな公的サービスの担い手と期待されるNPO・ボランティアと企業や行政との協働による「新しい共助社会」の実現を目指すことを目的に、2008年から設置している表彰制度です。この年から企業も表彰されるようになり、トヨタハートフルプラザ福岡はその第1号となりました。新聞各紙や地元のテレビ局・ラジオなどでも大きく取り上げられ、大きな反響を呼んでいます。
　「ヌレント」利用者からは、「とても助かっています」と多くの声が出ています。雨の日や寒い日の散歩も「ヌレント」があれば可能となり、ちょっとした距離の送迎に車を出さなくても、快適に気軽に移動できるようになりました。冬の寒さよけにもなり、ビニールを外して屋根だけにすれば、日差しの強い夏の日よけにもなります。
　製品化された「ヌレント」は2010年4月、全国のトヨタハートフルプラザ6ヵ所で販売が始まりました。各店舗での反応や、ユーザーの声などは、東京で行われている月に一度の店長会議で情報交換されます。札幌、仙台、東京、名古屋、神戸。まさに「福岡発」が全国へ拡がり始めたのです。これまでに、福岡店11台を含めた計15台のヌレントが全国で販売されました。（2011年6月までの実績）

6 さらに政策提言へ

今後の展開

　「ヌレントの存在をもっと多くの方々に広めていきたい」との想いで、クックルー・ステップが中心となり、さまざまな福祉イベントや福岡県内外へ情報発信を続けています。テーマパークなどの貸し出し用車いすに採用してもらえたら、雨天時の障がい者の外出はもっと幅が広がるのでは、と古賀さんたちの夢はさらに膨らみます。また、福岡県から表彰されたことで、東さんへもさまざまな団体や行政などから講演依頼が来るようになりました。東さんは、「ショールームに務める一サラリーマンでは経験することはなかった」と戸惑いながらも、「1人でも多くの方々にヌレントを知ってもらいたい」と商品のPRに積極的に取り組んでいます。
　フルオーダーメイドの車いす用雨カバー1セット2万5000円（地域、オプションにより変動）は、保護者が出せるギリギリの額だと言いますが、

クックルー・ステップ理事長古賀さん　　トヨタハートフルプラザ福岡展示スタッフ東さん

　この金額は開発費などを一切含んでおらず、一つひとつサイズや仕様が異なるため、量産してコストを下げることは現段階では不可能。障害者手帳を持つ人が車いすを購入する際の補助金等は、各自治体によって条件や対象が異なりますが、今回の雨カバーのような後付けの「パーツ」は対象になりません。古賀さんたちは、購入費の負担を少しでも軽くするために、市や県に対して優遇策の対象に雨カバーも入れてもらえるよう要望を出しました。

　「ヌレント」開発にあたっては、障がい児・者とその家族が抱えている課題を、トヨタハートフルプラザ福岡が本業の中で自然に解決できました。
　「ヌレント」は全国で販売されるようになりましたが、この製品開発にとどまらず、クックルー・ステップとハートフルプラザ福岡はその後もコミュニケーションを継続しています。クックルー・ステップが発行する通信や書籍『君のポケット』（2010年6月出版）に、トヨタハートフルプラザ福岡は広告を出すなどの協力をしています。
　1人の障がい児の親の困りごとを企業が真摯に受け止め、その問題解決に真剣に取り組む中で、NPOと企業がお互い信頼し合える仲になり

ました。商品開発から販売までの目標を達成できたことで、企業担当者は社会の一員として誇りを持つことができ、通常業務以上のやりがいと充実感を味わい、NPOはスタッフ一人ひとりが活動に勇気と自信を持つことができました。「ヌレント」が縁でNPOの会員増にもつながりました。またその後、「さらに快適な製品にするため、雨よけのビニールに紫外線を通さない素材を用いてはどうか」と愛知県の部品メーカーから新たな提案も届いているとのことです。

　今後、障がい児・者だけでなく、高齢者など全ての生活弱者をも視野に入れ、1人でも多くの人が、自由にそして快適に外出し、社会で活躍できることを願って、クックルー・ステップとトヨタハートフルプラザ福岡の挑戦はまだまだ続きます。

（水野真由美）

■調査協力
　古賀裕子氏（NPO法人クックルー・ステップ理事長）
　東誠人氏（株式会社トヨタモデリスタインターナショナル　トヨタハートフルプラザ福岡コンサルティングスタッフ）

審査員から
　この事業は、当事者の本当に強い想いから生まれた事業です。それをしっかりと受け止めた企業が、4つの試作品を作るといった、とても協働度の高い事業でした。NPOの熱心な投げかけに対して企業が丁寧に応えて行く、素晴らしいと思いました。この商品を、待ち望んでいる人が全国に沢山いらっしゃいます。是非広めていただき、このパートナーシップ賞がさらに活きていくことを私は期待しております。

（岸田眞代　NPO法人パートナーシップ・サポートセンター　代表理事）

case 4

「『未来をつなぐ夢はさみ』美容職業訓練」事業

日本の美容技術の指導でアジアの若者の自立を支援

第7回パートナーシップ賞受賞

認定NPO法人
国境なき子どもたち
　＋
ヘンケルジャパン株式会社
シュワルツコフ プロフェッショナル事業本部

　カンボジアの首都、プノンペンから北西へ車で約5時間の街、バッタンバン。この街では、元ストリートチルドレンや人身売買などの被害にあった恵まれない境遇の青少年たちを対象に、彼らの自立を支援する施設「若者の家」が日本のNPO国境なき子どもたち（以下KnK）によって運営されています。この施設に職業訓練の一環として、2008年から毎年、日本の美容師2名がトレーナーとして訪れ、施設の生徒や周辺の貧困地域の若者に対して美容技術を指導する5日間のプログラムを実施しています。トレーナーの派遣は、美容サロン向けにヘアコスメティック製品を販売するヘンケルジャパン株式会社シュワルツコフ プロフェッショナル事業本部（以下シュワルツコフ）が行い、資金提供のほか全国の美容サロンとのネットワークを活かして美容師のボランティアを募ったり、募金箱の設置を通じて寄付を呼びかけたりと全面的に支援しています。

　自らの美容技術を途上国の子どもたちにも伝えたいと願うトレーナーらの熱心な指導によって、現地の若者たちは、単に技術の習得のみでなく、自立力の向上を通じて自信を回復し、将来への希望を取り戻し始めています。同時に、ボランティア・トレーナーとして参加した美容師たちにとっても、若者たちとの交流を通じ「子どもたちの真摯な姿勢に頭が下がる思いがした」「相手と真剣に向き合う大切さをあらためて感じた」など、人としての学びの多い機会となっています。

KnKが運営するカンボジア・バッタンバン「若者の家」（「未来をつなぐ夢はさみ」第3回実施レポートより）

1 美容師ボランティア・トレーナーの海外派遣

協働の概要

日本の美容技術を活かした国際貢献を目指して

　この事業は、世界に誇る日本の美容技術を活かし、社会に貢献したいというシュワルツコフの想いからスタートしました。2008年10月に社内の技術インストラクターらが、KnKの運営するカンボジア・バッタンバン市の自立支援施設「若者の家」を訪れ、恵まれない青少年を対象に美容技術訓練を実施。これを皮切りにその後は年2回のペースで、シュワルツコフが日本全国の美容サロンから募った美容師を各回2名ずつボランティア・トレーナーとして派遣しています。KnKでは、シュワルツコフの熱意に応えるべく、現地スタッフを動員して訓練の準備・計画・実施にあたっています。

　当該訓練の対象としては、「若者の家」で暮らす若者だけでなく、現地の社会福祉省地方局や村のキーパーソンを通じて近隣の貧困地域からも参加者を広く募るとともに、他の援助団体にも照会をかけています。美容技術訓練プログラムは各回5日間で、2008年に1回、2009年および2010年は各年2回連続で行い、2010年6月までに計5回実施しました（2010年9月現在、以下同じ）。

美容業界への支援の呼びかけ

　トレーナーらの渡航滞在費や保険、予防接種などにかかる諸経費については、ヘンケル本部の社会貢献プログラムの予算から拠出されるほか、シュワルツコフが広く美容業界に寄付を呼びかけ、KnKと協働で作成したポスターや募金箱を全国の美容サロンに設置し、一般の市民の関心を高めることで資金調達しています。また、本事業の理念に共鳴するはさみメーカー（ナルトシザー社）や美容師個人からも、はさみの研ぎ作業やコームなど訓練実施のための道具の無償提供を受けています。

2 互いの専門性を活かしたパートナーシップ

協働のきっかけと目的

パートナーの選択

　シュワルツコフは、母体であるドイツのヘンケル社が世界各国で

進める従業員主体の社会貢献プログラム、MIT（Make an Impact on Tomorrow：明日へインパクトを与えよう）への応募を検討し、世界トップクラスと評される日本の美容技術で世界（特にアジア地域の子どもたち）の自立に貢献するという企画を構想します。この活動ミッションを実現するため、現地のコーディネートを担い得るパートナー選びを進めていきました。いくつかのNGOが候補に挙がりましたが、活動規模が中程度でコミュニケーションがスムーズに進められるという理由で、カンボジアその他のアジア地域で支援実績のあるKnKに白羽の矢が立ち、パートナーシップを組むことになりました。KnKにとっても、青少年の尊厳ある生活の回復と自立の促進というミッションに沿った企画であったことから、その趣旨に賛同することができました。

明確な役割分担

協働を進めるにあたっては、まず役割分担について明確にし、詳細な内容の合意書を取り交わしました。シュワルツコフは、意識が高くボランティア精神に富んだ美容トレーナーの獲得、美容サロンを通じての一般市民への広報、および寄付金の呼びかけを担い、KnKは、活動施設の紹介と訓練プログラムの準備・計画・実施にあたることを約束。そして目的を共有し、日本の美容技術を草の根レベルで（人の手から手へ）伝えること、カンボジアの恵まれない青少年の自立促進、日本の美容師とカンボジアの青少年の交流、日本の美容サロン等を通じての一般市民への啓発の4点を目指しました。

協働を通じて、KnKは経験・ノウハウを共有することで企業側が望む社会貢献活動、また美容師や美容業界への啓発的な活動の機会を提供できると考えました。一方、シュワルツコフはKnKの掲げる、現地の青少年の自立促進の理念を実現するとともに、美容業界に携わる人々に、活動に対する関心を高めてもらう契機になると考えました。同社の顧客支援の観点からも、ボランティア・プログラムの提供を通じて美容サロンが地域の来店客との接点を増す機会になればという想いがありました。

KnKとシュワルツコフは、互いに対等なプロのパートナーという意識で接しました。そのことは、訓練プログラムの修了書や美容サロンの寄付感謝状において、NPOと企業の名称が併記されていることに具体的に表れています。

3 トレーナーの安全確保と きめ細かな参加者のフォロー

協働の進行プロセス

徹底した安全管理

　本事業を進めるにあたっては、シュワルツコフがトレーナーの募集から、その渡航に関わる準備、事業地への同行、および現地での訓練実施のコーディネートを務めました。パートナーであるKnKは現地の職業訓練プログラムへの参加者募集、訓練の計画・実施、事後評価、および参加者のフォローと成果の測定まで、現地スタッフとの連携によりきめ細かに行い、随時、企業側担当者とも情報を共有していきました。安全管理の面では、派遣される美容師トレーナーらに対して、渡航前に現地の生活環境等の説明とあわせ、オリエンテーションを実施。安全管理ガイドラインを含む契約書を個々のトレーナーと締結し、渡航時の海外旅行保険への加入、および必要な予防接種を義務付けました。また現地においてはKnKの現地スタッフがトレーナーおよびコーディネーターの安全確保に努め、訓練事業をサポートしました。

事業資金の獲得

　資金面ではヘンケル本部の社会貢献ボランティア活動支援金（約180万円）が事業資金として提供されたのに加え、同社による美容業界を通じての寄付の呼びかけも着実な資金獲得につながりました（約100万円）。その他、関連業界からの支援も寄せられ、美容師やはさみ会社からの資材等の無償提供のほか、連携するかつら会社からは、ウィッグ（練習用かつら）を提供したいという提案を受けるに至っています。

4 参加者の高い満足と美容師自身の成長

協働の成果

美容サロンへの就職実績

　これまで計5回実施された美容職業訓練の参加者の6割以上（5割が最低の目標ライン）は、美容サロンに就職、または開業しており、貧困地域の青少年の自立を確実に促進したとKnKの担当者、大竹さんは総括しています。現地の参加者への事後アンケートでは、ほぼ全員が「本訓練に満足している」という回答結果が得られました。また直接就業に結びつかなくとも、トレーナーとの交流により青少年らは学ぶ意欲や自

美容師トレーナーによるウィッグ（練習用かつら）を用いた技術指導（「未来をつなぐ夢はさみ」第2回実施レポートより）

信を回復し、将来への希望を取り戻すことができたと大竹さんは考えています。

一方で、国内の美容師ボランティア・トレーナーの募集には累計178人の応募者があり、質の高い人材の確保に努めることができたとシュワルツコフの担当者、菊池さんは評価しています。実際にトレーナーを務めた美容師計8名も、各々が学びを得て、「子どもたちの真摯な姿勢に頭が下がる思いがした」「相手と真剣に向き合う大切さをあらためて感じた」「毎日を大切に生きることを教わった」など帰国後の仕事に対する姿勢や物事の捉え方などに肯定的な変化が見られ、学びの多い経験となったことがうかがえます。また募金箱の設置に同意したサロンは計406店に上り、資金的に事業運営に十分な金額を調達できたほか、ボランティア活動の大切さやカンボジアの青少年らが直面する問題への市民の関心を高めることができたと担当者たちは考えています。

美容業界ほかの反響

本事業の広報については一般紙への露出は積極的に行っていないものの、美容業界の新聞・雑誌に数多く取り上げられ（企業が掲載料を負担するパブリシティ記事も含む）、美容サロンからの協力依頼や問い合わせも増えています。KnKが東京で実施したCSRセミナー（シリーズアジア、2009年11月）では、企業にも取り組み可能な国際協力として本事業を取り上げ、ボランティア・トレーナーを務めた美容師とシュワルツコフの担当者による講演に一般参加者約50名が来場し、世間の関心の高さをうかがわせました。

5 相互に積極的なコミットメントを評価

協働の評価と学習

広がるネットワーク

KnKの大竹さんは、人材面・資金面ともに企業側から積極的なコミッ

トメントを得られたと評価しています。シュワルツコフの社員個々人がトレーナーやコーディネーターとして、現地での訓練実施に就いたことでコミュニケーションがより円滑になると同時に、事業の趣旨がよく理解され、相互に協働事業の実施を愉しむことができたとしています。また美容サロンや一般顧客という新たな個人寄付者や、美容業界の新聞・雑誌など新規のネットワークにアクセスすることができるようになったこともKnKにとって大きな収穫といえます。

美容師トレーナーによる基本技術の指導（「未来をつなぐ夢はさみ」第2回実施レポートより）

　シュワルツコフの菊池さんもまた、KnKが現地の活動を着実にコーディネートしてくれていることに感謝しています。社内への影響力という点では、担当者個人は非常に充実感・やりがいを感じているものの、一般社員レベルにおいていかにその想いや経験を共有するかが課題といえます。同社によれば、社内募金箱の設置など一般社員の参加機会をつくったことで、営業担当社員がサロンでの説明を自ら買って出たほか、「自分も何か手伝えないか」という声が寄せられるようになったとのことです。

事業実施に共同参画し学ぶ

　まさに両者のミッションに合致していた本協働事業ですが、各々持つ強みを単なるメリットとして利用し合うのみでなく、両者が積極的に事業実施に参画する主体となり、理念や価値観を現場レベルで共有できたがゆえに信頼関係、ひいては良好なパートナーシップを構築することができたとKnKの大竹さんは評価しています。協働の過程で互いに学習し相手の存在価値を認識できたのは本事業のもたらした成果といえるでしょう。

6 事業継続のための方策の検討

今後の方向性と課題

事業予算をどう拡充するか

　美容技術訓練プログラム終了後の現地アンケートでは、より長期の訓

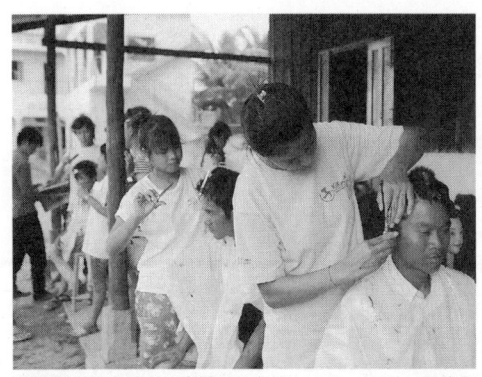

受講者によるモデル実習のようす。コミュニティの住民もモデルとして協力（「未来をつなぐ夢はさみ」第5回実施レポートより）

練やパーマ・カラー・メイク等訓練内容のさらなる充実を希望する声もあり、本協働事業の継続と発展に対する両組織の想いは強いものがあります。KnKは、現地のトレーナーの育成が可能になるまでの今後3年間程度、事業の継続実施を計画したいとしています。またカンボジア現地における広報活動も展開し、プノンペンやシムリアップなど他の都市部において参加者の就職先としても広く現地の美容業界にネットワークを開拓する計画を練っています。

　こうした事業の継続計画については担当者間で協議が進められています。具体的にはタイ等近隣諸国の技術者がカンボジアで訓練を行う第三国を巻き込んだ研修の実施や、現地の人材を育成して継続的に長期訓練を行い、日本から派遣されたトレーナーが定期的にフォローアップ研修を行うといったことが検討されています。ただし開業支援については現在、シュワルツコフが化粧品等の資材を提供するほかはKnKの資金持ち出し（1件当り200ドル程度）に拠っており、本プログラムの事業予算の一層の拡充が期待されています。とくに単年度採用のヘンケル本部拠出の社会貢献プログラムの予算には限界があることから、シュワルツコフは資金源の多様化も必要と考えています。その試みとして寄付サイトのJustGivingに登録し2010年9月現在で約14万円を集めることができました。

ボランティア・トレーナーの受け皿をどう広げるか

　また現地の受け入れ態勢や予算規模の制約から、現在、「若者の家」の1施設、年2回のみの実施のためボランティア・トレーナーの受け入れが少数であるのも課題です。トレーナー応募者すべての参加期待に応える事業規模には達しておらず、あくまで部署単位の自主的で小規模な社会貢献事業の枠内に留まっていることから、シュワルツコフの担当マネージャーの原口さんもまだ、美容師が参加できるボランティアの枠組

みをストーリーとして示す段階に過ぎないと控えめに評価しています。KnKにとってもカンボジア関係の約1500万円の予算のうち本事業は年間予算約150万円と小規模な印象が否めません。ただし企業寄付だけで終わる他事業と比較し、美容技術指導の本プログラムは、企業側が本格的にパートナーとして関わる初の協働事業として相当程度の意義があるとKnKの大竹さんは評価しています。

7 まとめに代えて

　本協働事業の意義は、これまで社会貢献に縁遠かった美容業界において「ボランティアによる国際貢献」の具体的モデルを示すことができた点にあるといえます。トレーナーとして派遣された美容師が口コミによって彼らの同僚や一般顧客にボランティアの良さを伝達する効果も期待でき、美容サロンが市民にボランティアや社会貢献への理解を広げる点で有効なコミュニティ拠点となり得ることを示したともいえます。ただしまだ現段階ではトレーナーの個人的成長に留まっており、地域の市民に十分認知されているという状況にはありません。今後、他のNPOとも連携しつつ、美容師による社会貢献をいかに継続的に支援していくかが本事業の発展の鍵を握っているように思いました。　　（高浦康有）

■調査協力、資料提供
　　大竹綾子氏（認定NPO法人国境なき子どもたち 海外事業部）
　　原口征則氏、菊池諒子氏（ヘンケルジャパン株式会社シュワルツコフ プロフェッショナル事業本部 プロフェッショナル パートナーサービス）

審査員から……………………………………………………………………
　貧困の問題は普通の日本の人はあまり興味を持たないものです。「無関心」、英語で言うと「apathy アパシー」との戦いだと私は思うのです。こういった人たちのことを日本の人たちにどうやって伝えていくのか……現地で活動するのと同じくらい大事なことです。今回の活動は、若い人たちが中心になっている。つまり若い人たちの活動によってもっと上の世代の人達を目覚めさせて行く、ということが大事だと思っています。これからも頑張ってください。
（森摂氏　株式会社オルタナ 代表取締役社長）

case 5

「食資源循環活動による環境のまちづくり」事業

市民主導の「生ごみ再資源化」熱意溢れる活動は全国へ

第7回パートナーシップ賞受賞

NPO法人伊万里はちがめプラン ＋ 有限会社北九給食センター
医療法人光仁会

　古くから焼き物の町として知られる伊万里市は、人口6万人弱の佐賀県西部の静かな田園都市です。この町で行われている、企業や家庭から出る生ごみを回収して堆肥化する活動は、いまや全国から注目を集めるまでになりました。その活動を中心になって行っているのが、NPO法人伊万里はちがめプランです。はちがめとは伊万里地方の方言で、生きている化石といわれるカブトガニのことです。日本最大のカブトガニの産卵地と言われている伊万里湾を抱え、伊万里駅前にはそれに因んだ石碑も建造されています。

　2億年前から現在と変わらぬ姿で生き続けるカブトガニのように、この活動が孫やひ孫の代まで末永く続くよう、また日本最大のカブトガニ産卵地といわれる伊万里湾を、美しい状態で子どもたちへ手渡したいという願いを込めて「伊万里はちがめプラン」と名づけられたこの活動は、NPO法人伊万里はちがめプランと多くの地元事業所との協働事業です。

1 行政に頼らず、市民が協働して解決策を見出す

協働のプロセス

豊かな土壌ではぐくむ自然

　NPO法人伊万里はちがめプラン（以下はちがめプラン）は、本来生ごみや廃食油を捨てる側であった料飲店組合・旅館組合が主体となり、生ごみや廃食油を不要な厄介物として燃やしたり埋めたりしてしまうのではなく資源として再活用しようと、現理事長の福田俊明さんを中心に1997年から取り組み始めました。

　生ごみを有機堆肥に変えて畑や田んぼに戻すことで食物連鎖を活発にし、次の生命体のエネルギー源として土に活力を与えます。有機堆肥は、

農薬・化学肥料などによって衰弱した土を、豊穣な土へと蘇らせる働きをします。はちがめプランは、この豊かな土壌から安全で元気な作物を生産し、地域に還元しようと考え活動しています。

　同時に、この土の中を通って川や海へと流れる水も蘇り、従来持っていた自然の「健全さ」や「豊かさ」を取り戻すことができるのです。

「残飯は貴重な資源です」

　この事業を始めた福田さんは、もともと農業高校の畜産科を卒業したこともあり、その経験から「残飯は貴重な資源」ということを実感していました。その後29歳でレストランを開業したのですが、残飯を引き取ってくれていた養豚業者も徐々に配合飼料を使うようになり、生ごみの処理に困るようになりました。そこで伊万里市に相談したところ、普通のごみと同じように燃えるごみとして出してくれと言われました。それに疑問を抱いた福田さんは、長崎県のハウステンボスで1995年から行われていた生ごみのリサイクル化の取り組みを参考にしながら再資源化を目指して実験に取り組む一方、生ごみの分別回収を何回も市に提案しました。

生ごみステーションにて。福田理事長（左端）

　しかし市の態度は変わらず、資源として有効活用できる生ごみを市民の税金を使って燃やすことに疑問を感じていた福田さんは、やむを得ず1997年に独自で事業化を模索し始めました。実用に向けての研究をするための設備機材に関して伊万里商工会議所に相談したところ、すぐに30万円の助成を得ることができ、このことがきっかけで少しずつ研究成果が出るとともに自信もついてきました。1998年から4年間、佐賀県商工会連合会のゼロエミッションシステム研究開発に参画し、理論的なことを勉強したことも役に立ちました。その後2000年には、4000万円をかけて伊万里市郊外の山中の現在地に、堆肥化実験ハウスと名付けたプラントを建設。資金調達に悩みましたが信用金庫が3000万円を貸し付けてくれたほか、残り1000万円は市民からの寄付で賄いました。約60人の人た

ちが1万円から100万円まで寄付してくれたことが「とてもうれしかった」と福田さんは語っています。

市内の事業所から提供される生ごみ（はちがめプランにとっては資源）をトラックで回収しプラントに運びます。そこで120日掛けて発酵させ堆肥になります。熟成した堆肥は、農家の方がまとめて買いに来るほか、ビニール袋に入れて販売しています。市内の知的障がい者授産施設に依頼して袋詰めされた商品は、大300円、小100円で、市内の多くの場所で販売されています。品質もよく価格が手ごろなこともあり、主に家庭菜園などで使用するため市民の方が買われるようです。我々調査スタッフが宿泊したホテルや食事をしたレストラン、駅前の観光案内所でも販売していました。この事業が市民の間に定着している実態を垣間見たような気がしました。

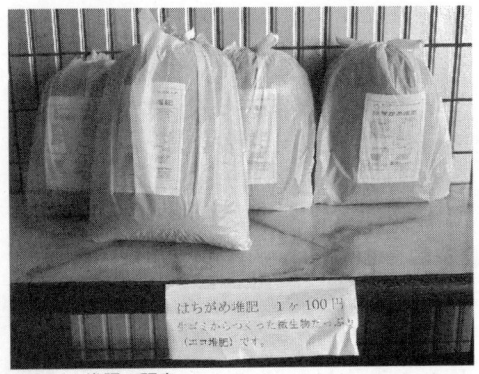

はちがめ堆肥の販売

2 趣旨を感じ取った市民が積極参加

協働の成果

有料でも広がった活動の輪

　3ヵ所の食品関連事業所からスタートしたこの事業は、10年以上経過した今では71事業所が参加するまでになりました。年間650tの生ごみを回収し、その結果300tの良質な有機堆肥を生産し農地に返しています。また、一般家庭生ごみステーションを市内27ヵ所に設置し、250世帯が年会費6000円を払ってまで参加しているのも大きな特徴です。400世帯のうち120世帯が参加している住宅団地もあります。さらには2006年に「はちがめ生ごみステーション市民の会」が結成され、生ごみの有効活用を伊万里市に提言するまでにいたっています。

　プラントを見学に来た市民から「何かお手伝いできることはないか」と相談を受け、それなら生ごみの提供をお願いしたいと提案したことが一般家庭の参加の始まりでした。場所と生ごみ用ペール（45ℓ入り）ははちがめプランが用意し、週2回定められた場所まで回収に行きます。

市民の方から「ただは嫌だ」という声があがり、その結果会費として1世帯毎月500円を納めてもらうことになりました。1ステーションには最低5世帯の参加をお願いし、多いところでは12世帯が参加しているステーションもあります。伊万里市のごみ収集に出せば費用がかからないにもかかわらず、いまでは全市の1％強にあたる250世帯が参加するまでになったのは、福田さんたちの趣旨を感じ取った市民の熱意の表れということができます。福田さんにインタビューした翌日にそのうちの1つのステーションを訪ねました。会員として参加している方たちが集まってくれ、「地球温暖化防止に協力したい」と口々に意義を語ってくれたのが印象的でした。

　一般市民の参加はこれからも増えていくことでしょう。「市民が支え応援してくれるこの活動があるからこそ、簡単にはこの事業を止められない」と福田さんは穏やかに語ってくれました。

　生ごみを出してくれる事業所の開拓も大きな仕事です。福田さんや副理事長が市内の事業所を回って「営業活動」を行います。既に参加してくれている事業所の紹介で新規開拓を行いますが、一般廃棄物運搬業者に出すほうがコストが安いため、チェーン店などはなかなか参加してくれません。交渉を開始してから趣旨を理解して参加してくれるようになるまで、3年かかった例もありました。

　通常の方法で処理するよりも高いコストをかけてまで伊万里はちがめプランに出す理由を尋ねたところ、「リサイクルして再資源化できる生ごみを無駄にすることに対して後ろめたさを感じているのではないか。一種のCSRです」と福田さんは推測しています。

3 「コストよりも趣旨」眼を引く企業側の理解

協働のポイント

ちょっとした工夫で効率よく

　生ごみを回収して堆肥化する活動そのものは決して目新しいものでもなく、全国各地で行われていますが、この事業は生ごみを出す企業側も積極的に協力しているという点が、協働度として高く評価されています。

　通常、生ごみには水分が80％以上含まれています。それを60％以下にしないと堆肥化が上手く進みません。そのために農家からもみがらを貰ったり、かんなくずを製材業者から購入したりして（一部は無料で提供を受けている）、水分吸収に努めています。事業所もただ単に生ごみ

北九給食センター
代表取締役杉谷さん

として出すだけでなく生ごみの出し方にもいろいろと工夫を凝らしています。

　今回協働のパートナーとして名前を連ねた北九給食センターは親会社の名村造船所の社員食堂に給食を提供している業者で、1日1500食以上の弁当を配達しています。そこから出される残飯は月に4～5tにも上る大口の事業所です。2006年から参加を始めましたが、生ごみとそれ以外の分別を徹底しています。また代表取締役の杉谷明人さんは、はちがめプランの活動趣旨に賛同し何度もプラントまで足を運んでいます。さらには1日150kgの米を消費するわけですが、その米ははちがめプランの堆肥を使っている地元農家から購入するという後方協力もしています。「地域のためになっていると思うので、分別することは手間ではない」と杉谷さんはにこやかに語ってくれました。企業からみれば、はちがめプランは残飯処理業者でもあり、また資源を提供する支援先でもあります。

　一方、同じく協働のパートナーとして名前を連ねている医療法人光仁会西田病院では、実にユニークな方法ではちがめプランに協力しています。従来生ごみの処理を依頼していた養豚業者が廃業したため他を探していたところ、知人を通して以前からはちがめプランの活動を知っていた検査科長の御堂豊子さんの薦めもあり、はちがめプランに生ごみ処理を委託するようになったのは2009年8月でした。管理部門担当課長の前田宰さんとしては、経費削減を進める中、従来の処理方法より経費がかさむことが心配でしたが、西田病院が目指す方向性ははちがめプランと同じということで決断しました。

　患者さんが食べやすいようにと、病院食はおかゆなど通常のごはんと比べて水分を多く含んだものがあります。他の参加事業所に比べて生ごみに含まれる水分の量が多いとの指摘を受け、病院側でもいろいろと工夫を重ねました。その

手製の治具で水分を減らす（光仁会西田病院で）

結果、水分を減らして出せるようにと、給食担当の管理栄養士の吉原さんを中心に1つの治具を開発。治具といっても大掛かりなものでなく、西田病院の施設管理課の職員が作ったものです。
　バケツにざるを敷き、その中に生ごみを捨てます。さらにその上から鍋ぶたのようなもので生ごみを押し水分を抜きます。水分は下のバケツに落ち、ざるに残った生ごみだけをはちがめプランに出します。材料は木の棒と板、それにざるだけとシンプルですが、こうすることにより水分を減らして生ごみを出すことができ、堆肥化にも協力することにつながっていきます。

熟成初期段階

　「福田さんから毎月データの提供を受けている。生ごみの量が多いということは、給食の残りが多かったということで、それが次の献立を考える時に参考になり助かっている」と吉原さんは力強く語っていました。
　生ごみ回収では競合関係にある産業廃棄物業者との軋轢も過去にはあったようです。また、「はちがめプランに出すより、燃えるごみとして出したほうが安くつく」という考えの大手スーパーもある中で、あえて手間もコストもかけてはちがめプランに任せるという事業所が増えているのは、福田さんが佐賀県環境生活衛生同業組合の経営指導員であり飲食店関係に影響力があることに加え、はちがめプランの活動を理解し趣旨に賛同してくれたからに他ならないのです。

4 全国への波及と後継者の育成

今後の課題

自然体の目標に等しく

　生ごみに関しては、年間900tを回収することが当面の目標です。2001年に制定された食品リサイクル法に食品残渣を20％削減することが定められていますが、「それを伊万里市に当てはめるとこの数字になる」と、福田さんやはちがめプランの事業を高く評価し支援してきている佐

賀大学農学部の染谷孝准教授は試算しています。伊万里市全体の削減目標を行政任せにするのではなく、企業や市民との協働で達成しようという壮大なチャレンジととることもできます。また堆肥を大量に消費する米の生産農家からは、供給量を増やすように求められていますが、現在の生産量ではそれには対応できていません。

　大口需要家の要求に応え生産量を増大するには、生ごみの回収量を増やす必要があります。それには市民による生ごみステーションの拡大と共に、生ごみを提供してくれる事業所の開拓が必須となってきます。市内のスーパーや企業内食堂等これから「営業活動」を必要とするところが残されていますが、「営業」に廻る人の確保も課題となっています。

　また北九給食センターや西田病院など給食を提供している業者や事業所は、栄養価を考慮しながら献立を工夫して残さず食事してもらうことが本来の目的です。生ごみとして出す量が減るということは、はちがめプランにとっては提供される資源が少なくなるという表裏の関係にあることも悩みの種かもしれません。

成功モデルとして、他地域でも

　伊万里市を中心に活動しているこの事業は、新たな発展が図られています。鹿児島県霧島市では、はちがめプランの事業の完成度に注目し、同市でも取り入れようという試みが始まりました。2009年に一部地域約500世帯を対象に生ごみの回収と堆肥化が試行され、2010年度には全市（5万8000世帯）を対象とした生ごみの回収・堆肥化がスタートしました。伊万里市では成しえなかった行政を巻き込んだ取り組みが他地域で実現したということは、はちがめプランの活動が評価され全国へ波及する可能性が増してきたといえるのではないでしょうか。

　とはいえ、この事業が広がりを見せるためには課題もあります。まず考えられるのは、後継者の問題です。NPOに限らずベンチャー企業でも、創業者はとても熱意があり工夫を繰り返しながら困難を克服して成長していきます。その熱意・工夫をいかにして次の世代に継承できるかが組織の成長の鍵ですが、はちがめプランの場合それを受け継ぐ人の姿があまり見えませんでした。前述したように他地域へ広がりを見せているというのは明るい材料ですが、福田さん個人の事業で終わらせないためにも、後継者の育成が急務です。

　また、事業規模が拡大してくると生産設備等への投資も必要になって

きますが、資金調達を含め財政基盤の確立も急がれるところです。「食資源循環活動による環境のまちづくり事業」とあるように、「儲けのためにやっているのではない」（福田さん談）から採算性を最重要視しているわけではありません。規模が拡大してきた時にそれを担う人たちの確保が必要となってくるでしょう。すなわち職員を雇用してやっていける体制を作れるかどうかも考えなくてはならないでしょう。

　福田さんの思惑ではもっと早い段階で、伊万里市の事業として展開される予定でしたが、いまだそれが実現できていないということは、それだけ複雑で困難な課題を抱えているともいえます。生ごみと併行して廃食油の回収も行っていますが、目標年間12000ℓではビジネスとして成り立つ規模でもなく、精製されたBDF（軽油代替燃料）の使用先ははちがめプランの自動車のみという現状です。

　それでも10年でここまでの成果を出し、全国のモデルケースとなるまでになったのは、福田さんはじめ、はちがめプランの熱意溢れる活動とそれを支えてきた佐賀大学や企業、市民の力の賜物ということができます。

　「よくここまで来たもんだ」という福田さんの言葉がとても印象に残りました。

（藤野正弘）

■調査協力

　福田俊明氏（NPO法人伊万里はちがめプラン）
　杉谷明人氏（有限会社北九給食センター）
　前田宰氏（医療法人光仁会）
　御堂豊子氏（医療法人光仁会）
　吉原まき子氏（医療法人光仁会）

審査員から

　伊万里はちがめプランは全国的に有名なNPOですので、他の地域への指導も行っておられるということで高く評価されました。これからさまざまな地域でモデルをつくっていっていただきたいと思います。菜の花プロジェクトも、今後の広がりに期待をしております。このような取り組みが引き続き市民と行政を巻き込んで、さらに発展・継続され、全国の環境への取り組みも、進歩するのではないかと期待しています。

（今田忠氏　市民社会研究所 所長／日本NPO学会 顧問）

case 6

「高齢者介護施設ビューティーキャラバン」事業

企業・NPO・大学の連携を通じて介護施設入居高齢者に「ハレの場」を

第7回パートナーシップ賞受賞

NPO法人全国福祉理美容師養成協会 ＋ 東海ゴム工業株式会社

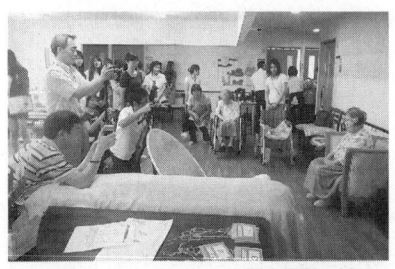

ビューティーキャラバンでの写真撮影の様子

「高齢者介護施設ビューティーキャラバン」事業は、介護施設に入居する高齢者の生活の質（QOL: Quality of Life）の向上を目的として、多くの企業・団体が協力しながら進めている事業です。一般に介護施設では、入浴・食事・排泄という3大介助で手いっぱいで、レクリエーションに力を注ぐことは困難です。本事業は、季節感や特別感を演出するレクリエーションを通じ、その人らしく美しく過ごすきっかけをつくり、介護施設入居高齢者のQOL向上に寄与しています。施設入居高齢者の多くは、季節感がなく年中同じような恰好で過ごしがちですが、本事業は本格的なヘアメイク、メイクアップ、ファッションコーディネートといった「おしゃれ」を提供し、「ハレの場」を演出します。この「場」の演出には、専門的な知識を持った人々の連携と、そのための仕組みが必要です。

本事業は、NPO法人全国福祉理美容師養成協会（以下ふくりび）、東海ゴム工業株式会社（以下東海ゴム工業）、名古屋大学大学院老齢科学教室（以下名古屋大学）、金城学院大学生活環境学部（以下金城学院大学）といったさまざまな専門機関から人的・知的・物的な資源が提供され、協力し合って進められています。2009年2月から始めた活動は2年間で施設数9ヵ所、イベント参加者（介護施設に入居する高齢者）118名を得て実施され、着実に成果を残しています。2009年4月のNHK総合テレビ「ほっとイブニング・夢を紡ぐ」での報道を初めとして、イベントの様子はテレビ・新聞等のマスメディアを通じて人々に注目されるようになり、徐々に評判も拡がり、3年目には介護施設からのイベントの申し込み数が60件にのぼりました。

1 QOLに効く「美しさ」の演出

協働事業のきっかけ

高齢者のQOL向上に理美容を

　高齢者のQOL向上をめぐって、さまざまな角度から研究を進めていた名古屋大学。他方、ふくりびは、理美容の技術を用いて、「その人らしく」「美しく過ごす」ことをテーマに活動。両者が結びつくことで、理美容やレクリエーションに着目した高齢者のQOL向上というテーマが創り出されました。

　一方、本事業の企画の中心にあるふくりび理事長赤木勝幸さんと東海ゴム工業の社会貢献推進室長戸成司朗さんは、ともに生活の拠点を愛知県日進市におき、協働事業を行う前からの顔見知り。「誰もがその人らしく美しく過ごせる社会」の実現を目指す想いは、この頃から2人の間で共有されていきました。

　名古屋大学とふくりびの間で創られたテーマ、そして、それに賛同する戸成さんとの間で会議を開き、形成されたのが本事業です。本事業は、NPOと企業、大学とが、異なる立場から関わり、協働事業に客観性と社会性、事業性を与えていきました。

とり交わされた基本合意書

　本事業の企画立案・運営を行うふくりび。それを資金や送迎バス、写真はがき等の資源でバックアップする東海ゴム工業。そして、本事業にQOL向上の測定等、科学的裏付けを提供する名古屋大学。本事業ではさらに「その人らしく美しく」をさらに追求しました。

　美しさに欠かせないのがファッションコーディネートです。この専門家として金城学院大学環境デザイン学科の研究室が加わり、衣装の作成・リフォーム・選定、着用快適性調査、そしてユニバーサルファッションの研究と開発を担います。こうして施設入居高齢者に、さらなる特別の「ハレの場」を提供できる条件が整い、「高齢者介護施設ビューティーキャラバン」事業の企画ができあがりました。

送迎に用いられる東海ゴム工業の所有するバス

本事業はNPOと企業、大学が各々の成果を達成できるように組み立てられました。NPOと企業、関連団体のいずれかだけが成果を収めていくのではなく、それぞれの特性を活かし、それぞれが成果を得られるような連携に向けて試行と議論を重ねました。2008年4月にスタートした本事業ですが、より確実な事業となるように、2008年12月16日に「ビューティーキャラバン」基本合意書がとり交わされます。この合意書では事業の目的・内容・役割・責任・成果の取り扱い等、きめ細かな内容が、本事業に関わる団体全ての合意のもとで明確に示されることとなりました。

2 「その人らしく美しく生きる」を演出
協働のプロセス

レクリエーションとして

　本事業で施設入居高齢者は、本格的なヘアメイク、メイクアップ、ファッションコーディネート、写真撮影のサービスを受けます。普段、高齢者の介助を行うのは施設職員ですが、職員だけでは提供しにくいレクリエーションが提供されるのです。限られた時間内で最大のサービスを提供するための工夫がなされています。

　まず、一連のサービスをレクリエーションとして施設入居高齢者に「お客様気分」に似たゆったり気分で味わってもらえるような工夫をしました。介護施設では自分の好みを聞いてもらえる、自分で選ぶということが少なくなりがちでしたが、施設入居高齢者が一連のサービスを受ける中でさまざまなスタッフから声をかけられ、好みを聞かれ、表現する機会を得られます。

　ヘアメイクやメイクアップを受けるときには、髪型の好み、口紅の色の好みなどを聞かれ、「選んだ口紅の色がとても似合ってますよ」「お肌がキレイですよ」と、サービスを受けて美しくなっていく様子を専門スタッフが高齢者に伝えていきます。ファッションコーディネートにおいても同様に、「どんな色が好みですか」「この色が似合うと思いますよ」といったように、また、写真撮影時には「いい笑顔ですよ」といった声かけがされます。

　ビューティーキャラバンがやってくる1日は、施設入居高齢者は「お客様」として、その人らしく美しくなっていくためのサービスを気持ちよく受けられるのです。理美容とファッションコーディネートを通じて、

人が本来持つ、女性は女性らしく、男性は男性らしくありたいという気持ちが呼び起こされていくのです。

　限られた時間でのサービスを、QOL向上という点でさらに大きな効果に結びつけるのが、後日送付される写真です。この写真は、ビューティーキャラバン当日の気持ちを思い起こさせるように、一定期間をおいて家族の元へ郵送されます。家族はこの写真を見て、その元気な姿に安心し、そして、連絡するきっかけを得ます。また、家族からこの写真を見せられる入居高齢者は当日のうれしかった気持ちを思い出すのです。

専門スタッフによるサービス

　レクリエーション支援として本事業を支えているのが専門スタッフたちです。ヘアメイクとメイクアップは、ふくりびが派遣するプロの福祉理美容師が行います。福祉理美容師は福祉に関する理解が高く、高齢者、要介護者に対する理美容サービスに長けた人々。そのため、施設入居高齢者も抵抗なく理美容サービスを受けられます。最初は緊張気味の高齢者も、話をするうちに笑顔になっていきます。

　ファッションコーディネートは、金城学院大学の学生ボランティアが行いました。高齢者の意見や好みを聞きつつ、学生らしい感性と、服飾の学習成果を反映させる形でコーディネート。学生ボランティアは明るい笑顔で高齢者と話をし、楽しい雰囲気をつくっていきます。その後、きれいになった姿をビューティーキャラバン専属のプロのカメラマンに撮影してもらいます。カメラマンもビューティーキャラバンに長く関わっており、その人らしい自然な表情を引き出していきます。

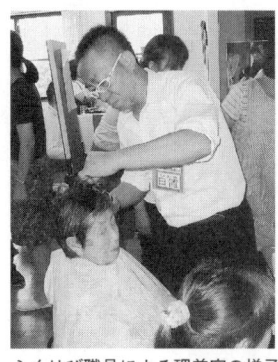

ふくりび職員による理美容の様子

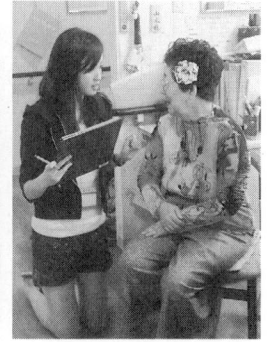

金城学院大学学生ボランティアによる衣装の選定と着用快適性調査の様子

事業プロセスのパッケージ化

　本事業に関わる人々は事業プロセスの「パッケージ化」という言葉をよく口にします。どんなに良い事業であっても、継続でき、拡がりを持たなければ十分なものとは言えません。継続し、拡がりを持つように、明確に事業プロセスを組み立てることが「パッケージ化」です。本事業は2008年4月から3年間という期間を区切って展開。この3年間の企画については、基本合意書において詳細に取り決められました。基本合意書で記された役割をそれぞれがこなし、2008年度は3回、2009年度と2010年度はそれぞれ8回と、極めて安定的に事業が実施されました。

　事業の成功には、単に企業・団体が得意とすることを行うだけでは不十分です。本事業に関わる企業・団体は事業に不足するものを補い合うよう事業プロセスが組み立てられました。例えば、ふくりびは、本事業に必要な情報連携・情報管理・広報活動といった、事務局としての機能も担います。東海ゴム工業は基本合意書を作成するなど、事業の根幹をなす企画も担います。

　金城学院大学は大学として各々が持つ専門知識を本事業に提供するだけでなく、生活環境学部環境デザイン学科から青山喜久子教授、平林由果教授の指導する2つのゼミの学生が参加し、衣装の選定やアンケート実施のためのボランティアとして活躍しました。

　また、本事業の成功には、異なる専門性と動機を1つの事業にまとめることが必要です。これも本事業に継続性と、拡がりの可能性を持たせる「パッケージ化」の要素です。ふくりびの理念は訪問理美容サービスの質の向上・理美容師の活動の幅を拡げる・QOL向上のお手伝い・ふくりび(の活動)のスタンダード化の4つ。理美容師としての能力を、仕事としてQOL向上にまで幅を拡げていき、ふくりびでできることを他でもできるようにスタンダード化していく。これは、ふくりびの設立趣旨そのものであるとともに、本事業に関わる動機でした。

　名古屋大学と金城学院大学は、研究がその動機でした。名古屋大学は施設入居高齢者のQOLの変化、また介護職員のストレスの変化など、本事業を通じた当事者の変化の研究。金城学院大学はユニバーサルファッションの開発と研究が目的でした。

　東海ゴム工業は社会貢献活動として、また、新しい事業機会の創出に向けて本事業に関わっています。同社では社会貢献活動で5つの重点分野を定めていますが、そのうちの1つが障がい者福祉への貢献。同社は

障がい者福祉の専門家ではないため、会社として提供する人材、資金、物資などの資源を有効活用するためには専門ノウハウを持つパートナーとの連携が欠かせません。そのため、社会貢献活動をパートナーシップのもとで行うことを重要視しています。パートナーが自らの持てる力を発揮するためには、各々の求める成果が協働事業を通じて得られることが大事ですが、本事業はその事業プロセスの中にすでにパートナーの求めるものが含まれていました。

3 レクリエーションを通じたQOL向上

協働の効果

熱気と笑顔

　本事業に関わるスタッフは、金城学院大学の学生延べ87名、金城学院大学の教員延べ27名、ふくりび訪問理美容師延べ84名、東海ゴム工業スタッフ数延べ28名。実に多くのスタッフが事業を支えています。

　本事業は、その第1の受益者として施設入居高齢者を想定しています。この受益者に最大限の「ハレの場」の演出がなされました。理美容、衣装選定と着衣、写真撮影のサービスを受ける高齢者も笑顔。その様子を見守る職員も笑顔。そして、多くのスタッフがここに関わり、お祭りのように賑わうことにより醸し出される熱気。施設入居高齢者にとって、忘れられないイベントになりました。

　ビューティーキャラバンは「レクリエーション」です。このレクリエーションは施設入居高齢者に強烈な印象を伴いつつ、自分らしく美しくあることに関心を抱き、いきいきと充実した暮らしを営むきっかけを提供しています。介護・福祉業界に、楽しいレクリエーションを通じたQOL向上の道を示しました。

拡がりある成果

　この活動がより拡がりを持ち、多くの受益者に事業サービスを提供するためには、福祉理美容師の認知度向上が欠かせません。福祉理美容師は介護施設や高齢者に十分に知られているとは言い難く、また、その活用のメリットも十分に知られていません。本事業が人々に知られるにつれ、本事業のホームページアクセス数の増加、福祉理美容師についての問い合わせと依頼の増加等、福祉理美容師の認知度と理解度が高まる兆しがみられました。また、福祉・介護で活躍したいと考えている理美容

師に福祉理美容の道を提供しています。あわせて、問い合わせの中にはビューティーキャラバンとは異なるイベントについてのものもあり、新しい協働事業の機会へと拡がりを見せつつあります。

名古屋大学では、研究論文という形で成果を生み出しつつあります。また、金城学院大学は2010年に日本繊維製品消費科学会で報告を行う等、学会で高齢介護者を巡る研究基盤をより強固にし、バックアップする体制を整えつつあります。

ビューティーキャラバンスタッフの笑顔

ビューティーキャラバンの現場では、年齢も立場も多様な人々が、笑顔と良い意味での緊張感を持ちながら、全員で盛り上げていく様子がみられました。本事業にはいくつかの副産物があります。交流する機会が減りつつある高齢者と若者が、共通の目標の下協力し合ってハレの場を演出。ボランティアで関わる学生は自らの学びの成果を活かし、自分たちに欠落しがちなコミュニケーション能力を鍛える場ともなりました。喜んでもらえる姿をダイレクトに感じられるというのも、これからの学びには重要な体験。関わる人すべてが自らの存在意義を感じているようでした。

本事業は企業にも成果をもたらしつつあります。東海ゴム工業は、介護用ロボットの研究を行っていますが、本事業を通じて受益者の観点からこの介護用ロボットについて考えるきっかけを得ているようです。これはマーケティングとしての成果と言うよりは、受益者を等身大にみつめ、受益者に真に望まれることを模索するための経験を本事業から得ていることになります。

そして、多くの施設に送付される「ビューティーキャラバン」パンフレットのもたらす効果も見逃せません。多くの介護施設職員は、活力ある現場づくりをしなければならないと感じているでしょう。この事業はそういった施設に対して、大げさではなくとも、こういった形で「ハレの場」をつくることで、活力が得られることを示しています。ふくりび

事務局長の岩岡ひとみさんは「同じような事業がどんどん出てきてくれることは好ましい」と言います。模倣されることを厭わず「良いことだからみんなでやっていこう」という姿勢が垣間見られます。ふくりびの活動のスタンダード化につながり、より活動の輪が拡がっていくかもしれません。

4 さらなる発展へ
協働事業の将来像

　本事業は、3年と事業期間を区切って行われましたが、事業終了後、その成果をさらに拡大・発展させるため、本事業の成果を振り返り、新しい企画が練られています。まず、アパレルメーカーや化粧品メーカーもパートナーに迎え入れて、プログラムを進化させ、各地で実施。また、これまでは介護施設入居者に向けてのサービスだったものを、障がい者分野でも実施可能なようにアレンジ。このように活動の質を高め、範囲を拡げるとともに、本事業が他地域において、他の担い手においても実施できるようにパッケージ化をより進めていくようです。

　重く苦しいと感じられがちな介護・福祉事業をより楽しく明るい形で実施、拡大していく事業として、この事業のさらなる発展に期待したいと思います。
　　　　　　　　　　　　　　　　　　　　　　　　（津田秀和）

■調査協力
　赤木勝幸氏（NPO法人全国福祉理美容師養成協会理事長）
　岩岡ひとみ氏（NPO法人全国福祉理美容師養成協会事務局長）
　戸成司朗氏（東海ゴム工業株式会社社会貢献推進室長）

審査員から
　両者が協定を結んできっちりされているところなど、ある意味非常にビジネスライクにされている。それだけに大きな成果をもたらしている事業です。もう1つは、NPOと企業と大学の学生が協働で行っているところが、非常にすばらしいところです。NPOは事業型NPOとしてのビジネスモデルを開発し、非常に大きなコーディネート力を発揮しているところが高く評価されました。
　　　　　　　　（今田忠氏　市民社会研究所 所長／日本NPO学会 顧問）

case 7

「NECワーキングマザーサロン」事業

美しい母がふえれば、世界はもっとよくなる
輝け！ ワーキングマザー

NPO法人マドレボニータ　＋　NEC（日本電気株式会社）

　NPO法人マドレボニータとNECは、ワーキングマザー（はたらく・はたらきたい産後女性）が本当に必要としていること、そのための有効な支援を考えて、「NECワーキングマザーサロン」を協働事業として2007年からスタートしました。当初の2年間の活動については、「第6回パートナーシップ大賞」受賞事例集に掲載されています。当時は、育児休職からの職場復帰支援セミナーを開催していました。

　協働は継続され、2009年度からサロンはリニューアルして、新しいプロジェクトが生み出されました。この事例では、2009年以降の新しい協働事業に注目してご紹介します。それ以前の取り組みについても触れますが、その詳細については前掲本を参照してください。

マドレボニータの事業とNECの社会貢献活動

　マドレボニータは、すべての産後女性が適切なケアを受けられる社会を目指して活動をしています。マドレボニータという名称は、スペイン語で「美しい母」を意味します。そこには、産後女性が心身ともに健やかに美しく生きるお手伝いをして、よりよい社会づくりに貢献したいという想いが込められています。

　マドレボニータの設立は、吉岡マコさん（代表理事）が出産した経験に端を発します。産後の心身のヘルスケアについては、社会にはほとんど何も存在していないことに気づき、仲間とともに独自の産後ケア・プログラムを開発。そして、非営利組織として、以下の3つの事業をメインに活動を展開します。3つの事業とは、①産前・産後のボディケア＆フィットネス教室の開催、②産前・産後セルフケアインストラクターの養成、③産前・産後ケアの調査・研究・開発です。

　ワーキングマザーに焦点をあてた「NECワーキングマザーサロン事

業」を始めるきっかけは、2006年に行われた東京都の子育て支援担当職員向け研修会でした。同席したマドレボニータ代表理事の吉岡さんとNECの東富彦さん（当時の社会貢献担当者）は、ワーキングマザーがふえてきているにも関わらず、彼女たちへのケアが不十分であるという問題意識を共有して、「ワーキングマザーをターゲットに、何かやってみよう」と意気投合します。2007年から、マドレボニータのプログラムをNECが社会貢献として支援するという協働プロジェクトが始まりました。

　NECの社会貢献活動は、NPOとパートナーシップを組むことを基本としています。これは、社会的課題解決に先駆的に取り組んでいるNPOとのコミュニケーションを大切にしつつ、NECらしいイノベーションで社会に貢献していくことが重要だと考えているからです。これまでのパートナーシップ大賞入賞事例からもわかるように、NECは多くの社会貢献活動プログラムを、多彩なNPOと手を組んで実施してきています。この各々の活動プログラムの効果を毎年、独自のプログラム評価尺度に照らし測定・検証して、次年度以降の継続決定や改善課題の明確化を図っています。NECワーキングマザーサロン事業も、毎年プログラム効果を測定・検証して、現在まで改善・継続してきました。

新しい協働事業へとリニューアル

　2007年度からの2年間の協働は、「育児休職からの職場復帰支援セミナー」として、主に①家庭や職場での円滑なコミュニケーション、②産後のボディメイキング、③マイナートラブルのセルフケアという3つの内容と交流会を含むセミナーが、年3回開催されていました。受益者人数は、2007年度95名、2008年度129名の計224名でした。

　2009年度からは、この協働事業を大きく発展させます。受益者数を増やすために「プログラムをテキスト化」して、「ファシリテーター制度」を導入しました。従来のセミナーは講座形式で行われていましたが、その内容は『マドレ式ワーキングマザーの教科書』という形にまとめられ、2000部発行されました。

　そして、講義形式からワークショップ形式にサロン運営を改め、そのサロン進行役である「ファシリテーター」という、新たな参画の仕組みをつくります。日本全国でサロンが開かれるように、日本全国からファシリテーターを募集して、教科書を活用しながら2ヵ月間かけて、このサロンのためのファシリテーションの研修をします。

サロンの様子2010年

　ファシリテーターには応募条件があります。マドレボニータの会員であること、半年の間、月1回（計6回）はサロンを開催できること、サロン開催ガイドラインに同意できることといった幾つかの条件をクリアした応募者は、応募書類を提出。その書類にもとづいて20名定員で選考されます。ファシリテーターに選考されると、5週間のオンライン研修と2日間のスクーリング研修を受けて、正式にファシリテーターとしての活動がスタートする、という流れです。

新しい協働事業の成果

　この取り組みによって、2009年度には19名のファシリテーターが誕生し、そのファシリテーターたちが29市区で計102回のサロンを実施しました。トータルの参加者（受益者）は638名と、リニューアル前の7～8倍規模に拡大しました。

　2009年度の最後（2010年3月）には、各サロンの成果を報告して、その意義を広く社会に伝えるために「NECワーキングマザーサミット」を初めて開催して、約150名が会場に集まりました。またその模様は、NECが動画でネット中継して公開しました。

　ファシリテーターによるワークショップ型のサロン運営は、単なる受益者の拡大を狙っただけでなく、地域の中で居場所を見つけづらい、孤立しがちなワーキングマザーの相互交流をサポートする目的もありました。2008年度までの活動で、ワーキングマザーは復職に向けて多くの不安を抱え、かつ大人同士で会話ができる場を求めていることが分かったからです。

　サロンは、自己表現力とコミュニケーション力が身につくワークを活用した、ワークショップ形式で行われています。プログラムは、「働くこと」をテーマに「人生・仕事・パートナーシップ」における自分の軸を見つけて、自身をエンパワメントする内容になっています。

　アンケート結果では、参加者の98.1%が「参加してよかった」と回答、97.4%が「こういう場が必要である」と答えています。ファシリテーターたちの満足度も極めて高く、その心を「居場所ができた喜び」「出会え

た喜び」「自分をじっくりと見つめられた喜び」と表現しているファシリテーターもいます。育児、仕事、人生、パートナーとのパートナーシップについて本音で語り合える場や、自分の軸を見い出すきっかけを持てたことに加えて、地域の中で仲間ができ、新たなネットワークが生まれたことに大きな意義があります。

サロン記念写真2010年

さらに新たな取り組みは続く……

　2010年度は、第2期NECワーキングマザーサロンや、ファシリテーター研修の内容がさらにパワーアップしました。

　1つはオフィシャル・サポーター・システムです。サポーターとは、ファシリテーターを支える人たちのことです。サロン会場の予約・手続き、告知集客活動、申込み受付対応、サロン当日の準備・受付、アンケートの集計・記録などを、チームで役割分担して行うのです。これもボランティアであり、全国から募集しています。2010年度はサポーターが60名近く集まりました。

　ファシリテーターとサポーターによるチーム運営を導入したのは、ファシリテーターの負担を軽くするという効果だけでなく、地域ネットワークを育てるという大きな目的があります。

　さらに、サロン・リニューアル後の参加者やファシリテーターの生の声をもとに『産後白書2』が作成されました。この冊子は、NECワーキングマザーサミット（2011年5月20日開催）において、発表されました。

マドレボニータとNEC、それぞれの役割と課題

　この協働事業は、プログラムや冊子の企画・開発・運営はマドレボニータが行い、NECに提案、協議する形で進められました。プログラムに関することだけでなく、アンケート結果をはじめとする全ての情報を両者で共有するようにしています。

　活動費用はNECが負担し、研修の場所もNECが提供しています。また課題となっている広報については、2010年度から、開催するすべての

サロンについて、NECが新聞やTVといった媒体に、毎回プレスリリースを配信しています。その他webやTwitterを活用した広報活動が行われました。

2009年度に大きくリニューアルしたプログラム（全国展開のサロン）については、チャレンジングな企画であったため、当初NECでは「ファシリテーターに応募してくれる人がいるのだろうか」という不安もあったそうです。しかし、マドレボニータとNECの協働事業ということで信頼されて、前述したように19名のファシリテーターが誕生しました。

当時担当者だった磯野美子さんは、全国各地で開催された全てのサロンに足を運びました。マドレボニータの吉岡さんも「NECの担当者がサロンを訪れてくれ、このプログラムの意義を共有し、関わる全員がいろいろな気づきに出会うプロジェクトになり、とても楽しい協働です」と振り返ります。

またマドレボニータにとって、このような大きなプロジェクトは初めてで良い経験となり、マネジメント・スキルの向上が図られたそうです。NECにとっても、かかわった社員がワーキングマザーの立場に立った真の支援のあり方に気づき、エンパワメントされたことや、NECの理念に沿った社会貢献活動の充実という成果がありました。

しかし一方で、より多くの社員の巻き込みが課題だとも認識しています。サロン参加者のうち、NEC社員の割合は、全体の1割程度です。社員のプロジェクト認知度も高いとは言えません。この協働事業の真の趣旨がNEC全体に根づくためには、この協働事業をワークライフ・バランスにおける考え方と連携させ、社内制度に反映させることなども考える必要があるでしょう。リニューアルしてパワーアップしたこの協働事業は、今後も、プロジェクトや企業のかかわり方を検討する余地が残っています。逆にいえば、それだけ可能性を秘めた大きなテーマの協働プロジェクトであると思います。

（横山恵子）

■調査協力
　吉岡マコ氏（NPO法人マドレボニータ代表理事）
　高橋葉子氏（NPO法人マドレボニータ理事）
　土田さつき氏（NEC CSR推進部社会貢献室エキスパート）
　竹内礼美氏（NEC CSR推進部社会貢献室）

case 8

「ソーラーカーを用いた体感型環境教育」事業
再生バッテリーを利用したソーラーカーがやってきた！

NPO法人紀州えこなびと　＋　株式会社浜田

　再生バッテリーを利用したソーラーカーを自分たちの手で製作し、実際に子どもたちに触れてもらうことで、環境の大切さを感じてもらう「体感型」の環境学習が、NPOと企業との連携によって行われています。これは、和歌山県和歌山市を活動の拠点にしているNPO法人紀州えこなびとと、大阪府高槻市の株式会社浜田との連携事業です。NPOが環境学習の企画・運営を、企業が再生バッテリーの技術やメンテナンスを担当することで、この体感型の環境学習が効果的に展開されています。また、NPOと企業の協働事業を通じて、この再生バッテリーを利用した新しい取り組みも行われるようになってきました。

環境の大切さを学習するために

　この事業では、再生バッテリーを利用したソーラーカーを実際に触れて体験することで、子どもたちに環境がいかに大切であるか、環境を大切にするとはどういうことなのかを学習する機会を提供してきました。もちろん、これまでもさまざまな地域で、いろいろな方法で環境学習は行われてきていますが、自らが製作したソーラーカーを教材として使用するというのは、非常に珍しい取り組みだといえるでしょう。
　なぜならば、ソーラーカーを製作するには、自動車そのものは既存のものを活用するにしても、太陽光を電力として使用するための仕組みを自動車に搭載し、また、その太陽光発電に関する仕組みをメンテナンスしていくのに、専門的な知識や技術が必要になるからです。ここに、ソーラーカーを用いた体感型環境教育において、NPOと企業がパートナーシップを組むきっかけがありました。

そうだ！ソーラーカーをつくろう！

　この事業において、NPOと企業のパートナーシップがどのように組まれていったのでしょうか。NPO法人紀州えこなびと（以下えこなびと）は、環境問題や将来のエネルギー問題について考えようと、和歌山県の大学生や社会人など若者が、2005年に立ち上げたNPOです（2008年よりNPO法人として活動）。このような問題意識を持って、地球温暖化を防止するためにさまざまな自然エネルギーを有効に活用するための装置を開発し、活動を通じて、さまざまな世代の人々が交流し、情報や経験が伝承・共有されていくことで、和歌山という地域の魅力を向上させていくことを目的としています。

　これまで、独自に製作したソーラーカー「太陽の恵ちゃん」、太陽光の熱を利用した調理器具「ソーラークッカー」、環境の大切さを唄にした「環境カルタ」など、自らで製作した環境学習ツールを用いて体感型環境学習メニューを開発し実施してきました。また、丸木に切り込みを入れ効率的に火を起こすことができる「丸木コンロ」などの木質資源の活用などを学ぶ自然エネルギー学校や、和歌山県南部の山間地域を流れる水路を利用した「小水力発電」などにも取り組んできました。

　今回のパートナーシップ大賞への応募は、これらの活動のうち「ソーラーカーを用いた体験型環境学習」という事業です。ソーラーカーは、軽自動車やシニアカーの屋根の上にソーラーパネルを設置して、そこで起こした電気を車内のバッテリーに蓄電して走ります。和歌山県内の小学校などで開催する環境学習の場で、このソーラーカーを実際に触って、乗車してもらうことで、太陽光という自然エネルギーを利用することを体験してもらい、自然エネルギーをどのように活用していくのかなどを学びます。この体感型学習が、地球温暖化などの環境問題について考えるきっかけになるのです。

　このソーラーカーを用いた環境学習を行うきっかけは、次のようなものでした。えこなびとは「市民共同発電」という名称で、小型の風力発電と太陽光パネルの施設を作り、環境の啓発活動を行ってきました。ところが、実際にそこの施設に足を運ばないと、自然エネルギー発電について体感することができません。「向こうから来てもらうのではなく、こちらから出かけて環境学習を行うためのツールが欲しい」ということになります。そこで思いついたのがソーラーカーでした。ソーラーカーを製作し、それを学校や各種施設に持っていけば、どこでも自然エネル

ギー発電を体感することができます。

メンテナンスという問題

　しかし、このソーラーカーを製作し、環境学習の教材として活用するにあたり、いくつかの難関がありました。その最大の難関は、太陽光を蓄電するためのバッテリーをはじめとしたメンテナンスです。特に、ソーラーカーに搭載しているバッテリーでは、なかなか走行距離が伸びず、バッテリーをいかにメンテナンスしていくかという問題が持ち上がります。バッテリーをメンテナンスしていくには専門的な知識や技術が必要であり、それをNPO単独で実施するのは難しく、メンテナンスを行うことができる協力企業を探すことになります。

　ところが和歌山県内では、ソーラーカーに搭載されているバッテリーをメンテナンスする技術、特に、劣化したバッテリーを再生する技術を有する企業を見つけることができませんでした。そこで協力をお願いすることになったのが、大阪府高槻市にある株式会社浜田（以下浜田）という企業です。

　浜田は、産業廃棄物の分別処理、リサイクル、バッテリーリユース、太陽光発電・蓄電システムの開発などを事業として展開している企業です。特に、バッテリーのリユースでは、工場、ビル、大型スーパー、病院、大学など、さまざまな場所で非常用電源として用いられているバックアップバッテリーを回収し、化学劣化したバッテリーに高周波パルス電流を流すことで、再び充放電を可能にし、バッテリーをリユースできるようにしています。このバッテリーをリユースする技術こそが、えこなびとのソーラーカーをメンテナンスしていく上では非常に重要となるものでした。

　企業がリユースバッテリーの再生事業を行っていることをNPOが知り、ソーラーカーに搭載しているバッテリーのメンテナンスを依頼することになりました。企業としても、ソーラーカーを用いての環境学習に非常に興味を持ち、特に、子どもたちに環境の大切さを教えていくことに共感し、自社のバッテリーのリユース技術が役に立つのならば、と協力することになります。ここからNPOと企業のパートナーシップが始まりました。

パートナーシップを組んでみて

　ソーラーカーという移動式の環境学習ツールを用いて、体感型の環境学習を行うという事業において、NPOと企業が協力していくことになります。環境学習のプログラム自体は、まずパソコンやプロジェクターを用いて、地球温暖化のメカニズムや、それを抑止するためにはどうしたら良いのかなど説明した後、実際にソーラーカーに乗車してもらいます。時間があるときは、丸木コンロを使って火を起こしてみて、さらに高学年向けに自然エネルギー発電などの仕組みも学んでもらいます。

　ソーラーカーも、2号車、3号車、4号車と次々と新しいタイプのものが製作されていきます。1号車のソーラーカーは軽自動車を改造したものだったので、運転免許を持っていない子どもたちは、もちろん運転はできません。体験するといっても助手席や後部座席に乗車してもらうだけでした。そこで、3号車は電動車いすをソーラーカーに改造することで、子ども自身も実際に運転できるようになりました。これらの環境教育プログラムを、NPOが企画・運営し、そこで必要となるソーラーカーのメンテナンスを、企業が行うのです。

　このソーラーカーによる体感型環境学習は、さまざまなところから高い社会的評価を受けました。新聞、テレビ、雑誌などの各種メディアで取り上げられるだけでなく、2008年度地球温暖化防止活動環境大臣表彰、和歌山県「わかやま環境賞」など、公的機関からも高い評価を受け、知名度も一気に高まりました。

　そして、自然エネルギーから生み出された電気をバッテリーに蓄電し、その電力を何らかの形で活用するというこの仕組みは、NPOと企業のパートナーシップを新しい展開へと導きます。それは「小水力発電」という、中小河川や用水路に小型の水車を設置し、その水流を利用して発電を行

実際にソーラーカーに触れてみる子どもたち

うという事業です。この事業でも、水流によって生まれた電力をリユースバッテリーに蓄電し、その電力を利用するという、ソーラーカーでの自然エネルギーの活用の仕方がベースになっています。このように、ソーラーカーによる体感型環境学習は、

ソーラーカーに搭載するバッテリー

NPOと企業の双方に、組織の成長をもたらすものになっています。

　ただ、問題点もありました。その多くは技術的な問題ですが、特にバッテリーについてです。当初、浜田が在庫として持っていたリユースバッテリーを、ソーラーカーに搭載しようとしたのですが、それができず、今まで使用していたものをメンテナンスするという協力になってしまったことです。しかしながら、ソーラーカーによる体感型環境学習から進展することとなった小水力発電の方では、企業が在庫として持っているリユースバッテリーが利用できるなど、企業としても、NPOへの協力の幅が広がっているのも事実です。自然エネルギーをどのように活用していくのかが、問われている時代において、このパートナーシップから生まれた自然エネルギーの活用の仕方、特にリユースバッテリーの再生を通じた自然エネルギーの活用は、大きな可能性を秘めているといえるでしょう。

(小室達章)

■調査協力
　山本将功氏（NPO法人紀州えこなびと事務局）
　藤原義政氏（NPO法人紀州えこなびと理事）
　前田真実氏（株式会社浜田営業部）

case 9

「ぎふ・エコライフ推進プロジェクト」事業

「レジ袋有料化へのチャレンジ」から「市民の環境行動＝エコライフ」の追求へ

| 西濃環境NPOネットワーク
ぎふ・エコライフ推進プロジェクト
実行委員会 | ＋ | フードセンタートミダヤ、
丸魚フードセンター、
ほか　850店舗 |

　中部地方の河川の中でも有名な木曽三川とは、東から木曽川、長良川、揖斐川の総称で、岐阜県を縦に貫き、濃尾平野から伊勢湾に注いでいます。この揖斐川に面した揖斐郡揖斐川町に、2001年9月にNPO法人として設立された「いびがわミズみずエコステーション」（以下、エコステーション）は東海地方で初の「環境の駅」を開設し、堆肥化ステーションでの生ゴミの堆肥化や揖斐川流域クリーン大作戦など数々の取り組みで大きな成果をあげ、社会的に高く評価されました。環境大臣表彰をはじめ、数々の顕彰を受ける中、03年に応募した第2回パートナーシップ大賞で入賞を果たし、企業との協働の事例としても、その評価を確立しました。

　活動開始から約10年が経過し、「人に優しく川に優しく、緑の地球を子どもたちへ、きれいな水を次の世代へ」をミッションとするエコステーションの活動は大きな変化・成長を遂げています。その活動範囲は岐阜県の西濃地域2市9町、岐阜地域5市3町、中濃地域1市および、8市12町をカバーする県民運動へ拡大し、「ぎふ・エコライフ推進プロジェクト」に参加する団体は116を数え、協力店舗は850店に増加しました。

　このプロジェクトのテーマは「レジ袋の削減・レジ袋の有料化」に始まり、今や「マイバッグ持参・マイ箸持参・マイパック持参・ドギーバッグ持参・フェアトレード商品購入・各団体が行う環境行動への参加」など、幅広い環境行動（エコライフ）に取り組んでいます。

いびNPO法人連絡協議会の設立

　02年1月に活動を開始したエコステーション「環境の駅」は、エコステーションをラッキーチケットの当たる楽しい場所に変え、ラッキーチケット提供店舗に集客を、街に活気をもたらしました。（第2回事例集「NPOからみたCSR協働へのチャレンジ」参照）「堆肥化ステーション」

は会員制で運営し、小学校の環境教育の場にもなっています。これらの活動は他の地域からの多くの見学者を呼び寄せ、近隣への波及・拡大も始まりました。

　05年11月に揖斐郡3町のNPO法人で構成する「いびNPO法人連絡協議会」(取材時2010年10月当時18団体)を設立し、「環境の駅」を近隣に拡大するとともに、小学生以下の親子を対象として「いび地域環境塾」や「揖斐川流域クリーン大作戦」の活動エリアを拡大するなど広域化をスタートしました。

　翌06年11月には、エコステーションが西濃地域2市9町の環境NPOに呼びかけ、24NPOをメンバーとする「西濃環境NPOネットワーク」を設立し、ミッションや目的を共有するゆるやかなネットワークを構築すると、これを基盤として翌07年11月に「西濃地域レジ袋削減プロジェクト実行委員会」をネットワークの下に立ち上げ、レジ袋削減への取り組みを開始しました。

　基本は協力店舗でレジ袋を辞退したら1ポイントとし、100ポイント貯めれば植樹か自宅用の苗木1本進呈というシステムで、これにより西濃地域での協力店舗480店による「レジ袋削減」の活動が実現しました。

ぎふ・エコライフ推進プロジェクト実行委員会への拡大

　西濃地域では、08年1月に輪之内町でレジ袋有料化に向けて協力店間の協定締結を行ったのを手始めに、3月の大垣市、以後相次いで有料化に踏み切り、翌09年4月に全2市9町がレジ袋の削減・有料化に足並みをそろえました。08年4月には西濃地域レジ袋の削減プロジェクト実行委員会を「西濃地域エコライフ推進プロジェクト実行委員会」に改称し、レジ袋だけでなく、マイ箸やマイパック持参、各加盟団体が行う環境行動への参加にも1ポイントを提供し、植樹以外に花の種やエコグッズとの交換も行うようにしました。このプロジェクトに参画するのは、NPOをはじめ自治体・教育委員会・学校・商工会や各種団体など合わせて83団体に拡大し、協力店舗も795店と西濃地域あ

協力店舗には「エコライフ」を啓蒙促進するさまざまなポスターが掲示されている

げての一大ムーブメントに育ちました。

　ゴミの減量化と地球温暖化防止を目指して多くのNPOが協働し、企業や行政、市民を巻き込んで実生活での環境行動を拡げていくこの取り組みは、国土交通省中部地方整備局が中部経済連合会や中部建設協会など23団体とともに組織する「中部の未来創造大賞推進協議会」から、「新しい公共」によるこれからの新しい地域づくりのモデルとして09年の中部経済連合会賞を、また10年には環境大臣表彰を受賞するなど、引き続き社会から高い評価を得ています。

　特にフードセンタートミダヤ（以下トミダヤ）との協働は、当プロジェクトの成否を分けました。西濃・岐阜地域に25店舗を展開するトミダヤは、全店をあげて協力店舗として率先して取り組むのと同時に、エコグッズなどの交換拠点としての役割も果たしています。トミダヤのレジ袋有料化への踏み切りと全店舗への展開は、同地域の他の店舗にとって欠くことのできない条件であり、促進策でもあったといえるでしょう。

協働のプロセス～市町の温度差をどう埋めるか～

　とはいえ、プロジェクトのテーマである、より多くのNPOが協働して企業や行政・市民を巻き込んで実生活での環境行動を拡げていくのは並大抵のことではありません。

　具体的な目標を、①NPO相互の協働と行政の協力を得て毎年実のなる木1000本以上の植樹、②協力店舗のエリアを広げ1000店舗以上とする、③協力・後援団体を150団体以上とする、④マイパック持参制度を確立する、の4項目としていますが、植樹については07年から09年の3年間で3608本と目標を達成したものの、他の項目については苦戦しています。

　プロジェクト委員会のメンバーが個別に説得し、1軒1軒を積み重ね、協力店舗を増やしてきましたが、さらなる拡大には、エリアを県内全域へ拡げ、またエコポイントの交換ステーションを増やし、エコポイント交換対象品目の魅力を向上し、ポイント付与の対象行動を拡大するなど、

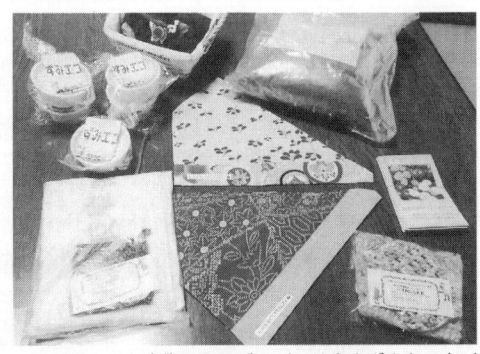

エコポイントと交換できるグッズにはさまざまな工夫がこらされている

幅広い対策が必要となるでしょう。
　特にコンビニでは、レジ袋の削減の主旨には賛同するものの、有料化には反対の立場です。利用者側の「辞退」を期待するしかなく、辞退してもポイントが付かないなど、いかに市民の協力を取り付けるかが難題です。
　地域では大垣市の参加店がまだまだ少なく、町内全店参加の輪之内町や垂井町と比べて店数が多いだけに今後の課題となっています。
　協力・後援団体の116団体は、エリアが拡がれば主旨に賛同する連携先も着実に増えるものと思われますが、拡大するほど各団体の主体的な参加や活動が問われることにもなるでしょう。
　「マイパック持参制度」は、09年にトミダヤで全国初のお惣菜バイキング・マイパック持参制度の実証実験を行い、2010年2月からは丸魚フードセンターで取り組みを開始し、トレイの削減に向けたシステム構築を図っています。しかしどうしても「安全」「衛生」の観点から店側も慎重に構えざるを得ず、顧客の協力も得にくいことから、トミダヤでは休止状態となっています。丸魚でも継続はしているものの、固定客は数名であり継続は困難といわざるを得ません。
　また、エコポイントを運用する財源をどう確保するかという大きな課題もあります。07年から09年の3年間は環境省の「3R推進モデル事業」として一定の助成を得られましたが、10年以降は自主財源が必要になってきます。さらに今後は、レジ袋有料化により得られた店舗の収入分をどう扱うかも課題となるでしょう。これまで、この収入増分は市町へ寄付され植樹費用として活用されてきましたが、マイバッグ持参が当たり前となった今（プロジェクト対象店舗でのレジ袋辞退率は93％）、レジ袋有料分の収入はほとんどなくなるわけで、店舗にとっての原資がない中での企業協賛金をどう確保するか、知恵が求められます。
　さらに、魅力ある交換グッズについては、現状は植樹寄付を選択する人が全体の3分の1を占めており、自然環境保全への貢献意識が高いともいえますが、逆に交換グッズに飽きてきたともいえます。ざっと1人平均で年間300ポイントを集めるとのことですが、年間3件の選択の中で1件は植樹として、他2件についてはさまざまな提案がなされています。障がい者授産施設で作られた「消臭竹炭のバスケット」「着物の布を再生した箸袋」「天然石鹸」「堆肥化ステーションでできた土の素」「花の種」などですが、さらに継続して知恵を絞る必要があるでしょう。

また、交換場所の拡大も重要なテーマです。トミダヤの25店舗以外では11箇所に限られ、利用者から見て十分か否か検証の必要があるものと思われます。

協働の成果～地域や社会へのインパクト～
　レジ袋削減からスタートし、対象エリア8市12町の全市町がレジ袋を有料化したことにより、全国では年間1人平均300枚使うといわれるレジ袋の9割以上の削減が実現しました。しかし、マイ箸持参での割り箸辞退率はまだ5％ほどと浸透していませんし、マイパック持参でのトレイ削減の取り組みは、全国の注目を集めているものの苦戦しています。
　しかし、西濃の揖斐川町で始まった地域密着のいわば「小さな活動」は、時を経て岐阜県全域を視野に入れるまでに成長しました。県としても知事の方針として県内20市町村にエコステーションの設置を掲げ、09年7月に大垣市からスタートするなど、普遍性のあるモデルとしてさらなる成長が期待されています。
　ゴミの減量化と地球温暖化防止を目指して多くのNPOが協働し、企業や行政、市民を巻き込んで実生活での環境行動を拡げていくこの取り組みは、国土交通省中部地方整備局が中部経済連合会や中部建設協会など23団体とともに組織する「中部の未来創造大賞推進協議会」から、「新しい公共」によるこれからの新しい地域づくりのモデルとして09年に中部経済連合会賞を受賞、また10年には環境大臣表彰を受賞するなど、引き続き社会から高い評価を得ています。
　地球温暖化が進み、ますます「エコライフ」が重要となる社会情勢の中で、市民への啓蒙が環境への想いの共有・共感へ発展し、環境行動につながり環境に優しい「生活」の質を追求する。それが店舗にとって「顧客」のためになる、「顧客」に喜ばれるWin-Winの関係が構築される、そんなモデルを当事例は提供してくれています。
（面高俊文）

■調査協力
中村賀久氏（NPO法人いびがわミズみずエコステーション理事長）
岩間誠氏（NPO法人いびがわミズみずエコステーション理事）
伊藤義弘氏（株式会社フードセンター富田屋執行役員・営業部長）
臼井博彦氏（丸魚フードセンター代表取締役）

case 10

「エコトレイン未来のゆめ・まち号」事業

線路はつづく、みんなのエコへ

NPO法人環境市民 ＋ 阪急電鉄株式会社

　環境メッセージ列車「エコトレイン未来のゆめ・まち号」は、2008年12月から8ヵ月の間、阪急京都線、宝塚線、神戸線で1編成ずつ運行されました。
　エコトレインの先頭車両には、エコロジーをテーマにしたイラストがラッピングされ、全8両からなる車内には商業広告が一切ありません。そのかわり、地球温暖化をはじめとした環境問題の現状や沿線自治体、国、協賛企業、市民団体、阪急グループ等の環境活動を伝えるポスターなどで埋めつくされました。これらは、阪急電鉄の本事業のパートナーであるNPO法人環境市民の企画監修により掲示されたものです。このように、「エコトレイン未来のゆめ・まち号」事業では、NPOと企業がお互いの得意分野をうまく活かして協働体制を築き、多くの乗客に環境行動の実践を呼びかける機会を創出することができました。

エコトレイン未来のゆめ・まち号

未来のゆめ・まちプロジェクト

　阪急阪神ホールディングスグループでは、阪急阪神沿線を中心に「未来にわたり住みたいまちづくり」に貢献するため、社会貢献活動「未来のゆめ・まちプロジェクト」に2009年4月より取り組んでいます。「エコトレイン未来のゆめ・まち号」事業は、この先駆けとして取り組まれました。
　事業のきっかけは、阪急阪神ホールディングスおよび阪急電鉄がCSR活動、環境活動をより本格的に実施しようと、環境市民に相談したことが始まりです。両者のつながりは、環境市民に学生時代関わってい

た一社員からの紹介でした。個人の小さなつながりが大企業とNPOの協働を生み出したのです。

　京都に拠点を置く環境市民では、1996年から8年間、京都市左京区を走る叡山電車で環境メッセージ列車「エコモーション号」の運行を企画した実績があります。環境市民代表の杦本育生さんは、阪急電鉄との意見交換会の場で、阪急電鉄の取り組むCSR活動の1つとして、環境をテーマに「鉄道という地域の人やモノを結ぶ媒体が、新たな文化を生み出していく」エコトレイン事業を提案しました。それから数ヵ月後、準備を含めて1年以上におよぶ環境市民と阪急電鉄との協働事業が始まりでした。

経済のグリーン化を目指して

　当初、環境市民の提案では、阪急京都線だけでのエコトレインの運行を想定していたようです。しかし、企画に賛同した阪急電鉄では、どうせやるなら3路線すべてでやろう、ということになりました。さらに両者の話し合いの過程で、沿線の企業や行政を巻き込んだ活動にしようと、どんどんアイデアを膨らませていきました。

　そこで、事業を実施するにあたり、2つの目標を設定します。1つは、「地球温暖化防止、環境行動推進のため、公共交通という多くの人が日常的に利用する場で、環境情報を長期間掲示することで、多くの人に気づきや行動実践の機会を提供する」こと。もう1つは、「沿線自治体や企業、市民団体等の環境活動のパートナーシップ、交流を促進するとともに、沿線住民との橋渡し役を果たす」ということです。

　これにより、環境市民は、今回の協働事業が自分たちのミッションの1つである「経済のグリーン化」へのつながりを再確認することにもなりました。すなわち、エコトレイン事業が企業と環境NGO（環境市民では、自分たちの位置づけを意識的にNPOではなくNGOとしています）との協働によるCSR活動の先進例になることで、全国各地に同様の事業が広がり、経済のグリーン化につながっていくことを目指したのです。

協働のプロセス

　「エコトレイン未来のゆめ・まち号」は、阪急電鉄を利用する不特定多数の乗客に対して、地球温暖化を中心として環境問題の正確な情報と環境行動をよびかけるメッセージ列車です。エコトレインの先頭車両の

ラッピング・デザインは、大阪在住（当時）のイラストレーターであるウマカケバクミコさんの手によるものです。自然界に生きるさまざまな生き物が、かわいらしく描かれたそのイラストは、子どもたちに大人気でした。一方、大人たちの多くは、おなじみのあずき

エコトレイン未来のゆめ・まち号の車内掲示

色の阪急電車にイラストが施されたことに驚くとともに、阪急電鉄の意気込みを感じたようです。その意気込みは、車両外側のラッピングだけではありません。車内の広告類（中吊り、ドア横、ドア上、貫通路上、ドアステッカー、つり革）すべてが徹底して環境に関するものに限定されました。また、それらの環境広告は、環境市民の企画監修により2ヵ月おきに更新されました。広告代理店などの手を借りず、お互いが何度も打ち合わせをしながら、自分たちのネットワークを駆使してコンテンツを作成した手づくり感いっぱいの作業は、とても大変でしたが、協働を実感する充実した時間だったようです。

　また、環境情報の伝え方にもいろいろと工夫をしています。乗客に向けてクイズなどでわかりやすく伝えるとともに、小学生・中学生を対象とした「エコ絵画コンテスト」やエコトレイン貸し切り列車での小学校環境学習などの参加型環境学習事業をあわせて実施しました。

　エコトレインに乗車した人数は延べ800万人、3編成で1時点に1008枚、8ヵ月間で合計177種類のポスターを掲出しています。また、活動方法として、阪急電鉄と環境市民にとどまらない、可能な限り広範囲で多様な公的機関、NPO、企業との協働を目指しました。結果として、協賛企業として5社が参画し、車内掲示への協力自治体は19自治体になりました。また、エコ絵画コンテストへの応募は、全国から504点もあり、優秀12作品はポスターにて車内で掲示されました。

　協働事業の実施にあたっては、お互いが得意分野を役割分担して進めています。ポスターの内容に関する質問やクレームの対応は、環境市民

の担当です。そのため、十分に内容を精査してポスター作りを行いました。また、自治体や企業の環境ポスターの内容についても、積極的にアドバイスしました。例えば、「環境にやさしい」という曖昧な言葉は使わない、企業の商品宣伝色の強いものには改善を促す、などです。また、協賛企業集めは、阪急電鉄が中心になって行いました。

　環境市民と阪急電鉄では、これらの事業を進めるにあたり「対等な関係」で契約を結んでいます。この点が環境市民の杦本さんがこだわった点の１つです。従来、NPOは行政や企業と事業を進めるにあたり、上下関係（甲乙の関係）ができてしまうことが多く見受けられます。そのような関係性ができてしまうと、協働事業がうまく進みません。今回の事業は、企業がNPOの活動を支援するという構図ではありません。エコトレイン事業は、阪急電鉄の本業である鉄道事業の特性を活かした活動であり、かつ環境市民の環境NGOによる環境キャンペーンという本来の活動そのものをうまく組み合わせて、初めて実現できたものです。こうしたことから、阪急電鉄と環境市民ではパートナーシップ型の契約を結んで事業を進めることになりました。

CSRと組織の発展

　「エコトレインに出合った日は、清々しい気分になります」「先日、エコトレインに子どもと乗りました。ポスターを見て子どもが質問してきたので、私が説明をしたのですが、家族とエコな会話をする時間が持てるというのは非常にいいことだと思いました」など、エコトレインには、乗客から多くのメッセージが寄せられました。このように、電車という空間をうまく使った普及啓発事業は乗客に大好評で、最終運行日近くになると、車内でポスターを写真に撮る人も多く現れたようです。

　エコトレイン事業は、鉄道という公共性・日常性の高い媒体を活用し、環境NGOの専門性と経験を活かした情報発信を行いました。このことが、メッセージ性の強いものでありながらも、大人から子どもまで、多くの人から高い評価を得た事業になったのだと思います。なお、本事業は、グリーン購入ネットワークが主催する「第11回グリーン購入大賞」で、最高の賞である環境大臣賞を受賞しています。

　今回の協働を通じて、環境市民としては、阪急電鉄という大手企業と連携実績をつくることができ、そのことが組織の社会的信用を大きくすることにつながったと評価しています。また、協働事業であることから、

環境市民では監修する情報にこれまで以上に責任をもつ必要性を感じ、保有する環境情報を再整理しましたが、そのことが組織の基盤固めにつながったと評価しています。また、さらに専門性を高めるために環境情報の内容を確認していく過程で、専門家との新たなネットワークが広がるなど、組織の人的ネットワークも発展することになりました。

　また、阪急電鉄では、列車を活用することで環境に関心のない多くの人たちに目を向けさせることができたと評価しているとともに、列車を媒介とするCSRの可能性や意義を強く感じた事業となりました。

新たな取り組みへ

　エコトレインの運行は2009年7月に終了しましたが、この事業を契機に、阪急電鉄では、2010年3月阪急電鉄京都線に開業した新駅「摂津市駅」を「日本初のカーボン・ニュートラル・ステーション」として建設するなど、CSR活動を積極的に推進しています。

　摂津市駅の広告看板は、エコトレインがそうであったように、一般広告看板はなく、環境広告のみ(20ヵ所)で構成されています。このような不況下にあっても、沿線企業等との協働により環境メッセージを発し続けています。また、摂津市駅開業から2010年7月末まで運行された「カーボン・ニュートラル・トレイン摂津市駅号」は、エコトレイン未来のゆめ・まち号のコンセプトを発展的に引き継いだものであり、この事業も環境市民が企画監修として参画することになりました。環境NGOと大企業とのパートナーシップが継続的に続いています。

　「エコトレイン未来のゆめ・まち号」は阪急電車の乗客をはじめ、沿線の住民、企業、行政に大きなインパクトを与えました。環境市民と阪急電鉄では、地域の皆さんが忘れたころに、また協働でエコトレイン事業を復活させたいとの想いのようです。また新しいエコトレインが走る日も近いかもしれません。　　　　　　　　　　　　　　　(松下重雄)

■調査協力

杦本育生氏(NPO法人環境市民代表)
木内徹氏(阪急電鉄株式会社都市交通事業本部調査役)

case 11

「うんち教室およびうんち教室研修会」事業

トイレから社会を変える！
よりよい社会の担い手づくり

NPO法人日本トイレ研究所　＋　王子ネピア株式会社

うんち教室

　相模原市立若松小学校の体育館に集まった50名の小学2年生。3、4時限目の学級活動の時間です。子どもたちが「うんち王子〜」と大きな声で呼ぶと、入口から黄色いマントをなびかせた「うんち王子」が登場。うんち王子は子どもたちに語りかけます。「朝食食べた人？」「今日うんちをしてきた人？」「うんちが好きな人？」。うんちが好きな人の問いかけに、手をあげる子どもは数人です。
　NPO法人日本トイレ研究所と王子ネピア株式会社が協働で企画運営している「うんち教室」は、小学校の低学年を対象に、トイレと排泄の大切さを学んでもらう出前教室です。
　「キラキラうんちを出すにはどうしたらいいのかな？」と、映像や道具を使って、分かりやすくユーモラスに、子どもたちに問いかけながら授業は進んでいきます。授業の後半には、食べ物に例えた4色のオガクズ粘土を混ぜ合わせて、うんち型の鉛筆をつくります。体育館に広げられた大きなシートの上で、子どもたちは、歓声をあげながら、自分なりのうんち鉛筆をつくっていきます。
　授業の最後に、うんち王子がもう一度、「うんちのこと、好きになった人？」と問いかけると、勢いよく「はい！」という声があちらこちらから。結局、全員がうんちを好きになっています。こうして、うんち教室は幕を閉じました。
　さまざまな趣向を凝らした「うんち教室」は、なぜ、どのように生まれ育っていったのでしょうか。

出合いは偶然？

　「偶然の出合いからこの協働事業が始まった」とNPOと企業の担当者が語ってくれましたが、「お互いが欲していたパートナーと、出合うべくして出合った」と考えられるような状況が、そこにはありました。
　日本トイレ研究所は、児童の排泄教育を目的に、トイレに関する出前授業を1998年から始めていました。「トイレから社会を変えていきたい」という想いを達成するために、トイレに関するフォーラムの開催など、行政と連携することはありました。しかし、より効果的に多くの人にトイレや排泄の大切さを伝えていくためには、志ある企業ともパートナーシップを組みたいと考えていました。
　トイレに関する出前授業は、児童がうんちをするのに学校のトイレを使いたがらない状況を克服しようとして考えられたものです。排泄は、生命や生存の根源的な活動であり、人権としても守られるべきものであるのだから、子どものうちに排泄教育を受けることが重要であるという想いで、トイレに関する出前授業が始められました（日本トイレ研究所代表理事：上幸雄さん）。
　一方、王子ネピアのマーケティング部（現在はマーケティング本部 商品企画部）では、王子ネピアらしいCSR、社会貢献活動とは何かを模索しているところでした。「本業であるトイレットペーパーに関連した社会貢献活動ができないだろうか」と考えていたそうです。
　そのような時に、日本トイレ研究所代表理事の加藤篤さんは、ロハス系月刊誌『ソトコト』の企画展示会で、ユニークな展示を目にします。加藤さんいわく「コンテナにミニチュアのトイレットペーパーを敷きつめて、斬新で、楽しくメッセージを伝えていた」という展示の主が、王子ネピアでした。「こういう感性のある企業ならば、何か一緒にできるのではないか」と考えた加藤さんは、王子ネピアにアポを取って、数日後、訪問したのが始まりでした。
　「我々は便所紙屋であるから、どの企業よりも"排泄"に詳しくなりたい」と当時のマーケティング部長、今敏之さん（現商品企画部部長）は語り、2007年に「うんち教室」の共同企画・運営へと動き出します。双方にとって、NPOと企業の協働事業に取り組むのは、初めての経験でした。

ボトムアップで通った協働企画

　協働事業が開始するまでに、王子ネピアの担当者たちは、会社に何度もこの企画のプレゼンテーションを行っています。すぐにOKが出たわけではなかったのです。CSRの重要性が増していること、企業のドメインと一致した社会貢献であること、会社にとってのメリットなど粘り強く、数ヵ月間訴えて、ようやく社内合意がとれました。

うんち教室の実現と展開

　両者は、半年間の準備期間の中で、うんち教室の内容をつくりあげていきます。それまでNPO単独で行っていたトイレの出前授業は、どちらかと言うと、トイレなどのハード面に力を入れた内容でありましたが、新たに協働でつくりあげた「うんち教室」は排泄や食事といったソフト面に力を入れました。

　「うんち教室」というインパクトの強いネーミングも、議論を重ねた中で生まれました。うんち教室のターゲット、人数規模、エリアなどの設定から、トイレ出前授業の内容、そしてその際に使用する教材・配布物の作成についても、話し合いが積み重ねられました。

　その結果、関東エリアの小学校の低学年を対象に、1年間に5校実施することになりました。2007年から今年で5年目です。またこの間、『うんち日記』と『うんち教室テキスト』という配布物が作成されました。

　うんち教室の後に、子どもたちには『うんち日記』が手渡されます。各自が、1週間のうんちの観察記録をつけるものです。うんち日記の見開きは、うんち観察記録をつけるページと、講義の復習内容がまとまったページがついています。食事の注意やトイレの使い方、うんちでわかる健康状態など、小学校低学年でも分かりやすい表現で、親しみやすいイラストを用いて説明されています。

　また保護者用には、『うんち教室テキスト』が作成されました。うんち教室には、児童の保護者も参加することができます。

　2009年からは、小学校の養護教諭を対象にした「うんち教室研修会」も新設されました。うんち教室を実施してほしいという要望が多いのですが、すべてに応えられないため、研修会を受講した教諭

『うんち日記』および『テキスト』の表紙

によって「うんち教室」を開く形式も導入することにしたのです。これらすべての実績を合計すると、2010年までに7091人の児童にトイレや排泄の大切さを伝えることができたそうです。

うんち教室から育まれたもの

この協働事業では、NPOが小学校との各種調整や、企画・運営の責任を受け持ち、企業が企画・運営や広報の協力、および制作物のデザイン・PRに関するアドバイス、交通費・材料費や研修会の場所提供などの事業運営費を受け持っています。うんち教室では、両者の担当者が参画して授業を行っています。この協働は、両者にとって、どのような意味があるのでしょうか。

王子ネピアの担当者、斉藤敬志さんからは、第一に「協働は楽しい」という言葉が出ました。そして、協働を進める中で、NPOのミッションや想いの強さを感じたと言います。

うんち教室後には、うんち日記の回収とアンケートを実施してデータを集めていますが、子どもたちの行動が良い方向に変わっていることにも手ごたえを感じているそうです。「学校でうんちができるようになった」「キラキラうんちを出すために、野菜を食べて、運動をするようになった」といった変化です。

王子ネピアの大堀栄子さんは、この協働事業を通して、自分たちの携わった商品で、自分たちも参加するという独自のCSRの重要性を再認識しています。王子ネピア独自のCSRは、この協働事業を契機に発展しています。2008年からは「nepia 千のトイレプロジェクト」を開始しました。世界では毎年140万人を超える子どもたちが、汚れた水とトイレの不備からおなかをこわし、脱水症状などから命を落としているという現実に対して、ユニセフが「東ティモールの衛生プロジェクト」を実施していました。王子ネピアが、そのプロジェクトへの支援として共同企画で立ち上げたのが「nepia 千のトイレプロジェクト」です。毎年4ヵ月のキャンペーン期間中、対象商品のティッシュペーパー、トイレットペーパーの売上の一部がユニセフへ寄付され、東ティモールの水と衛生に関する支援活動（トイレづくりの支援など）に活用されています。

そして、東ティモールでも、うんち教室は実施されています。プロジェクト初年度は、日本トイレ研究所の加藤さんや王子ネピア社員が東ティモールに飛び、うんち教室を行いました。当初、「言葉が通じない子ど

もたちに、きちんと伝わるだろうか」という不安もありました。しかし、そんな不安も杞憂に終わって、大いに盛り上がります。ネピアの斉藤さんは、「加藤さん（NPO）の想いがとても強くて、異国でもそれが伝わったのだと思います」と振り返りました。その後も、1年に1回、王子ネピアの社員（マーケティング本部の社員と、社員から募集・選抜したCSRサポートスタッフ）が、現地でうんち教室を開催しています。

東ティモールでのうんち教室やトイレ事情については、日本における「うんち教室」で、映像を流して紹介することで、子どもたちにトイレの大切さを伝えていました。

NPOにとっても、企業との協働は組織によい緊張感が生まれ、全力投球で成果を追求することとなり、とても意義深いものでした。結果的に、うんち教室を独自の内容でレベルアップすることができました。日本トイレ研究所の原田雄美さんは、「王子ネピアさんに恩返ししたい」という一心で、今回、パートナーシップ大賞に応募したそうです。王子ネピアのみせる力、伝える力、センス、スマートさから大いに学ぶところがあったようです。またアンケート結果のデータ集計についても、王子ネピアからさまざまなアドバイスがあり、貴重なデータを集めることが可能になりました。

また新たに、他業界の企業と、今度はトイレのハード面に関する協働事業が立ち上がりました。そこでは、今回の王子ネピアとの協働事業の経験が、とても役立ったそうです。

2007年の協働開始から、年を重ねるごとに、王子ネピアとの協働が豊かになっています。今後も協働を継続して、子どもたちが大きくなって大人になった時に、全ての大人が「小さいときにうんち王子に会った」状態にしたいと語った担当者たちの顔が、とても輝いてみえました。

（横山恵子）

■調査協力
　加藤篤氏（NPO法人日本トイレ研究所代表理事）
　上幸雄氏（NPO法人日本トイレ研究所代表理事）
　原田雄美氏（NPO法人日本トイレ研究所副代表理事）
　斉藤敬志氏（王子ネピア株式会社マーケティング本部商品企画部主幹）
　大堀栄子氏（王子ネピア株式会社マーケティング本部商品企画部）
　相模原市立若松小学校での「うんち教室」　2010年10月4日(月)

第Ⅱ部

目指せ！「パートナーシップ大賞」

―協働評価のポイント―

特集

目指せ！「パートナーシップ大賞」
―協働評価のポイント―

NPO&企業　応募事例コンサルティングの記録

　2011年1月12日、住宅メーカーA社の会議室で、NPOと企業の協働事業を高いレベルにまで発展させるための「有識者会議（コンサルティング）」が行われた。出席者は、NPO法人Jから事務局長はじめ6名、住宅メーカーA社からCSR推進室長はじめ5名の計11名である。NPO法人Jと住宅メーカーA社の協働事業は、「第7回パートナーシップ大賞」に応募したものの、残念ながら入賞できなかった。その理由は一体何なのか、どうすればより高いレベルの協働にまで発展することができるのか、協働事業をより良いものにしたいという問題意識と真摯な姿勢に応えたのは、「パートナーシップ大賞」の主催者であるパートナーシップ・サポートセンター（PSC）代表理事・岸田眞代である。

　以下、NPO法人Jと住宅メーカーA社の協働事業のコンサルティングについて紹介し、協働事業を進めようとしている多くのNPOと企業の担当者たちにとって、少しでも参考になればと願っている。

出席者
・A社（以下A）：5名（以下A1～A5）
・NPO法人J（以下J）：6名（以下J1～J6）
・パートナーシップ・サポートセンター（PSC）：
　岸田眞代

「ドリカムスクール」事業の概要

　小中高校等、学校での総合学習を活用して出張授業を実施。子どもたちが、働く大人との交流を通じて、自分や社会、働くことについて考える機会を提供する、多主体協働型の学習プログラム。NPO法人Jのキャリア教育コーディネーターが企業と学校の橋渡しとなり、企業から子どもたちへ仕事について伝え、それを元に子どもたちが仕事体験を行う。

　「第6回パートナーシップ大賞」に、他企業2社との協働で応募。第7回にはA社と再チャレンジした。事業としては、第6回は調査対象（第一次審査通過）となり、第7回は通過ならず、今回のコンサルティングの依頼となった。

◆互いの力をより高く発揮できる"協働"を目指して

本会議の趣旨～Ｊ１さんより

　2005年度からＡ社さんと６年間協働させたいただいていますが、この「ドリカムスクール」について、2009年度から「このままでよいのか。きちんと目標設定もして、お互いに進めましょう。」という方針となり、その成果を「第７回パートナーシップ大賞」に応募しました。それに対し、企業とNPOの協働の観点から客観的な意見を頂戴し、よりよい活動につなげるために、有識者会議を設けました。会議では、Ａ社さん、NPO法人ＪからそれぞれのActivity報告と、パートナーシップ大賞主催者のPSC代表理事・岸田さんより協働の観点で審査の報告をしていただければと考えています。

> **参加にあたって**
>
> Ａ１（CSR推進室室長）：CSR推進室ができて６年目。社会貢献するにあたり、教育支援などに力を入れていきたい。
>
> Ａ２（CSR推進室・2005年度からドリカムスクールと出張授業を担当）：ドリカムスクールの当社にとっての意義などを確認したい。
>
> Ａ３（CSR推進室・ドリカムスクールに何度か参加、他のプログラムで中学校と訪問）：社会貢献という言葉があるが、逆に参加する社員側が学ぶべきことがあるのではという観点を持ち、参加している。
>
> Ａ４（CSR推進室・昨年ドリカムスクールに何度か参加、年末からは出張授業を担当）：NPOさんとこれからさらに深く付き合って、よりよいものに発展していくためには、どうしなければならないのか。どういったことを我々は期待されているのか。また、我々が期待していることは何かを、お話したい。
>
> Ａ５（CSR推進室・昨年何度かドリカムスクールに参加）：昨年何度か参加して、いろいろ考えさせることがあり、自分なりに勉強になっている。
>
> Ｊ１（教育コーディネーター・プロジェクト２年目の2006年度から担当コーディネーターとして参加し、昨年はプロジェクト全体のリーダー）：協働の方針というか、ここだけは今後活動していく上で変わらないという部分を有識者会議で見つけていきたい。
>
> Ｊ２（事務局長）：Ａ社さんと我々の力をもっと発揮できる体制というのは、どういうふうに作っていくかと模索する中で、いろいろな観点からの

意見をいただきたい。

J3（教育コーディネーター）：これからドリカムスクールと出張授業をどう拡げていくのか。必ずしも、全国すべて回ってやるのは目標にはならないと思う。最適な、本当に必要な社会貢献の規模を見極め、パートナーシップを発揮することで、いったいどういう形で最適な状態を目指していけばいいのかを、他の事例なども交え教えていただきたい。

J4（教育コーディネーター・A社とドリカムスクールを始めた2005年度からプログラムのコーディネートを行う）：プログラムのコーディネートをし、その都度アンケート結果を見ながら、どういうふうに改善したらいいのか見てきたが、どう継続させていくのかなど、私たちなりに考えたが外部の意見も伺いたい。

J5（教育コーディネーター）：この会議を通じて勉強させていただきたい。

J6（教育コーディネーター）：ドリカムスクールに参加したのは最近なので、有識者会議では客観的に、ドリカムスクールにどういう意義があるのか、どういう形がよりよい協働であるのかということを勉強したい。

◆NPO・学校・企業、3者協働のドリカムスクール ～企業からの事業説明

J1：それでは、最初にA社さんから、事業について簡潔にご説明をお願いします。

A2：当社から見たドリカムスクールの位置づけや意義を簡単に説明します。

まず当社の社会貢献活動の理念です。社会貢献活動の3本柱は環境・福祉・教育。特に教育という分野が取り組み件数も多く、いろんな内容で行っているという状況です。（→シート1）

当社とグループ会社を含めた2007年から3ヵ年の取り組みは全体で1487件。当社事業所全体では600件近い取り組みがあります。その17％、103件が教育支援になっています。グループ会社ではその比率がさらに高くなっていて35％。グループ会社は商業施設を運営している会社で、職場体験の件数が多くなっています。

```
┌─────────────────────────────────────────────────────────┐
│ 社会貢献活動理念                                          │
│   A社グループは、環境・社会との共生を念頭におき、企業市民 │
│ としてさまざまな社会貢献活動を継続的に行い、社会全般の発 │
│ 展と生活環境の向上に貢献します。                          │
└─────────────────────────────────────────────────────────┘
```

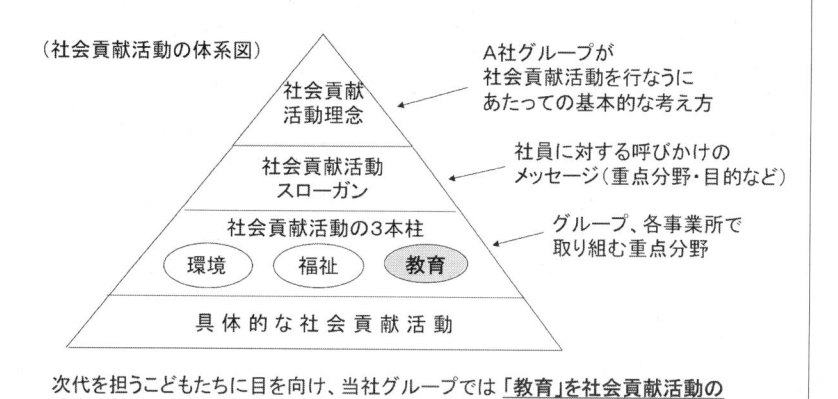

(社会貢献活動の体系図)

```
                    ▲
                   ╱ ╲          A社グループが
                  ╱社会╲ ←─── 社会貢献活動を行なうに
                 ╱貢献活╲       あたっての基本的な考え方
                ╱動理念  ╲
               ╱──────────╲      社員に対する呼びかけの
              ╱社会貢献活動╲ ←── メッセージ(重点分野・目的など)
             ╱  スローガン  ╲
            ╱────────────────╲
           ╱社会貢献活動の3本柱╲    グループ、各事業所で
          ╱ ○    ○    ○       ╲←─ 取り組む重点分野
         ╱ 環境  福祉  教育      ╲
        ╱────────────────────────╲
       ╱  具 体 的 な 社 会 貢 献 活 動  ╲
      ╱──────────────────────────────────╲
```

次代を担うこどもたちに目を向け、当社グループでは「教育」を社会貢献活動の重点分野の一つとしています。

シート1:A社グループの社会貢献活動　体系図

　活動分野ですが、大学や高校、小学生対象の出張授業があります。いろいろな取り組みをいずれも当社の社員が訪問し実施しています。その中にはキャリア教育と住関連の教育（住教育）があります。「住教育」と言われるものは、住まいや住まい方について教えています。

　そうして見た場合、ドリカムスクールはキャリア教育で、住まいに対する教育でもある。そういう性格を持っています。対象者の規模で一番大きいのは、キッザニアへの出展です。東京と甲子園（兵庫県西宮市）で年約46,000人の来場者があります。

　それから、学校からの生徒の受け入れがあります。全国の事業所の30ヵ所くらいで受け入れをしています。他に施設や工場での見学、社内の本社部門などで、社員の子どもの職場参観などをしております。

　ドリカムスクールの取り組みは、小学生から高校生までと対象が広くなっています。他にキャリア教育では、どちらかというと中学生以上が多い傾向があります。キッザニアは4歳からで、小さな方が多いという傾向があります。

　ドリカムスクールの一番の特徴は、NPO・学校・企業、3者協働

での取り組みで、生徒に一方的にこちらから伝えるのではなく、課題解決、あるいは企画体験と提案・プレゼンをサポートする、そういう授業になっています。大阪でこの取り組みをしていて、当社以外にも大阪の企業を中心に実施している状況です。直近で、2010年度は4校478名が参加しました。直接ドリカムスクールとは関係ないですが、講師派遣は、大学では毎年の立命館大学での講義や、また、高校での講義も時々あります。それと、キッザニアは東京と甲子園にあります。各施設には、当社だけでなく50社くらいが出展しています。当社は、東京では建築士の仕事体験、甲子園では大工の仕事体験。だいたい30分で1つ体験ができます。

　続きまして、生徒の受け入れ関係です。事業所によって多少違いもありますが、なるべく「現場を見てもらう」ことを大事にしていて、工事現場や展示場を見ていただくことは各地でしています。また、名刺交換体験では、営業スタッフのスキルを学ぶ経験もしてもらっています。また、本社では、社員の子どもに会社の仕事を見学、体験してもらう教育もしています。概略は以上です。

　続いて「ドリカムスクールとは」ということで、Jさんのホームページから引用しての説明です。一番の特徴として「小学生から大学生、社会人まで誰でも参加することができる、『夢を描きチャレンジする力をはぐくむ』スクール」という定義がされています。また、「参加する子どもたちに、『自分と社会』『現在と未来』のつながりを実感してもらう、主体的にチャレンジする力を身につけていくスクール」とあります。当社では、これに協力していきたい。まずはCSRの取り組みとして、このドリカムスクールというプログラムが「子どもたちの主体性やチームワーク、将来のチャレンジ精神を育む」ということにとても有効と感じ、共感しています。さらにこういう取り組みをすることで「学校現場が活性化される」。そういったことへも貢献できると思い参加しています。当社にとっての意義は、「子どもたちに住まいやまちづくりという仕事への興味・関心を、社員と直に接する中で、感じとっていただきたい」。こういったところを目的としています。

　ドリカムスクールの特徴として、本年度2010年度も学校によって違

う目標や課題に対応してきました。例えば、A中学校、B中学校、C高校と、学校によってそれぞれ課題や目標が違っており、プレゼンテーションの仕方も3校とも違っています。通常では、生徒に模造紙などに企画をまとめ、発表してもらいますが、A中学校では住宅模型を作って発表し、C高校では紙にまとめたものを展示場に来てプレゼンテーションしてもらいました。

さらに、住まいのことなどを教えるのはもちろん、社員自身が、普段仕事の中で感じている「仕事観」をどうやって伝えるか、学校の希望に応じ協力をしています。これは生徒が住宅展示場でプレゼンテーションをしている様子ですが、展示場で実際に営業をしている社員が審査をしました。

また、社員は各クラスに関わります。単に最後の発表のときだけではなく、企画の過程にも関わります。「行列が出来る相談所」では、生徒が企画で煮詰まったところで相談に乗り、ワンポイントアドバイスをするなど「社員が生徒と直に接する」というのが特徴の1つです。さらには4クラスくらいあれば、クラス内発表会と学年発表会を行います。クラス内の発表でも、1グループ毎に「こういったところが良かった」「こうしたらもっと良くなる」といったアドバイスをしています。

これら社員の密な関わりで、生徒の中に変化が生まれてきています。効果が現れやすいところは、自分の想いや考えをちゃんと伝えるという「コミュニケーション能力」や「プレゼンテーション能力」です。これらの能力が取り組みによって向上することが認められています。例えばある学校では、取り組み前に約4割の生徒が「はっきり伝えることができる」としていたものが、取り組み後は6割以上になった。(→シート2)

また、コミュニケーション能力について、下のほうは効果があまり出てないようにも見えますが、「相手の意見を否定せずに聞く」が増えています。生徒の感想ではよりクリアに出ます。「ドリカムのおかげで、人の前に立つのが恥ずかしくなくなった」などです。議論する過程では、口論や意見の違いがありながらも、「良い作品ができた」などの達成感を感じるといったことがよく見られます。実際には、学校の中の活性化、普段の授業では起こらないことがここで起きている

■ 生徒が実感できる教育効果
生徒のチームワーク力、プレゼン能力などの向上が教育効果として表れ、教育現場の活性化につながっています。

【生徒へのアンケート結果より】N=186

Q：自分の思いや考えをはっきり伝えることができますか？

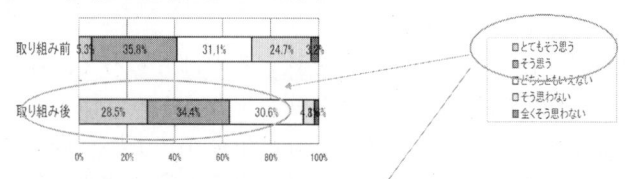

	とてもそう思う	そう思う	どちらともいえない	そう思わない	全くそう思わない
取り組み前	5.3%	35.8%	31.1%	24.7%	3.2%
取り組み後	28.5%	34.4%	30.6%	4.8%	

Q：自分と違う意見を聞いたとき、相手の意見を否定せずに聞いて、話し合えますか？

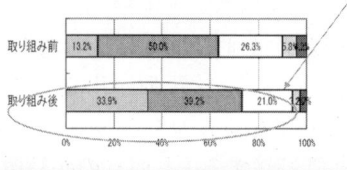

取り組み前	13.2%	50.0%	26.3%	5.8%	
取り組み後	33.9%	39.2%	21.0%	3.2%	

プログラムに取り組むことにより、多くの生徒が自分の成長を実感しています。

シート２：ドリカムスクールの特長

ということがあり、「大人数の中ではプレゼンテーション能力を備えているように見えなかった生徒がリーダーシップを発揮し、優秀さをアピールできていた」という先生の感想があります。基本的には「皆伸び伸びしていた」という感想です。

　対象となる生徒や学校の先生だけでなく、参加する社員にとっても、行ってよかったということにとどまらずに、もっと深いところまでの感想もあり、「企業人として、親として、ひとりの人間として成長が実感できる」「一体感を感じ、前向きに生きることに喜びを感じる」など、社員自身が前向きになったという効果が見られます。これまでドリカムスクールに取り組んだ効果だと思っております。

　最後に、今後の課題です。まず「学校教育との連携強化」があります。より効果をあげるには、我々が学校の事情を知る必要があります。当社と学校双方の連携を強めることが重要です。また、せっかく生徒のモチベーションが上がっても、普段の授業に戻って全くそれが活かされないともったいないので、いかにドリカムで得たものを普段の授業につなげていくかという、その仕組みも今考えているところです。

2点目は「他の教育支援プログラムとの相乗効果を図る」。これまで取り組んだ学校の一部では、1年目はドリカムスクールをやって、2年目は先ほどの「住まいの出張授業」をするといった他の取り組みとのつながりが生まれてきています。それをいかに増やすかということです。

　3点目は、この「取り組み自体のリリースをよりきちんとしていく」。もっと知られるようにして、継続性につなげ、他の地域にも広がるようにしていくこと。そんなことが課題と考えております。

「課題解決型」と言えるか？

岸田：つながりは大体わかりました。いくつか疑問点もあります。ドリカムスクールで「課題解決型」とおっしゃいましたよね？　具体的にどういうものを解決しようとしているのかが、ちょっと見えなかったのですけれど……それは何でしょうか。

Ａ１：一言でいうと、一方的に授業で知識を教えるのではなく、テーマを与えて、そのテーマについて考えてもらうことを「課題解決型」と表現しております。

岸田：そう言ってらっしゃいますよね。でも我々が受け止めるとき、そこに若干、違和感があるんですね。「課題解決」であれば、実際に問題があってそれを解決していくというイメージです。今の話は、単に「ワークショップでやっています」としか受け止められなかったんです。そこに若干の違いがあるかな、と。本当の「課題解決」と言えるかというのが疑問だったんです。そのあたりが、今回の応募書類の中でも関係してくるのではないかと思いました。

　まず1点目。Ａ社さんの説明はとてもよく分かるのですが、我々にもっと訴えて欲しいと思うところとしては、「社員が変化している」という部分なのですね。というのは、実際に講師とし

『課題解決型』とは
ワークショップなど課題解決の手法を用いていればよいというものではなく、社会の課題そのものを解決していくことが大切。

『社員の変化』は
当事者だけでなく、社内にどんな影響を与えたか、が大事。 →協働の目的に合わせて検証することが大切。

て参加した方はよく分かるんですが、それが社内でどう反映され、どれだけ影響を与えているのかが、実は見えにくいんですね。これも協働との関係で大事だと思っていますが、そのあたりがどうなのか、疑問に感じました。

　次に、ドリカムスクールを受けた子どもたちに、コミュニケーション能力やプレゼンテーション能力の変化が具体的に見えたとおっしゃったんですが「それはＡ社さんから言うと、本当に目的としているところに合致している結果ですか」ということです。協働の目的に合わせて、もう少しきちんと検証されないといけないんじゃないでしょうか。もちろん、それ自体は素晴らしいことなのですが。

　取り組みはとても素晴らしいので、否定するところは全くありません。今申し上げたのはあくまで「プラスα」の部分としてです。

Ｊ１：では「課題解決型」について、課題はどうやって設定しているのかなど、ＮＰＯの側からご説明します。社内の影響のところはなかなか難しいと思いますが、生徒からのアンケート結果で、Ａ社さんの目的と合っているのかとか、その辺りも含めてＪ４より説明します。

互いにメリットのある形を目指して〜ＮＰＯからみた協働事業

Ｊ４：そもそも「ドリカムスクール」という名前で、Ｊとしてこの授業を始めたのは、2001年度からです。そのころは「学校での勉強はすごく大切だけれども、子どもたちが学校で学んでいることと自分の将来のつながりを実感しないのではないか」と、学校だけでできていない教育の必要性をすごく感じました。それを仕事体験という形で、実社会のいろんなテーマにもとづいて、子どもたちが課題に取り組むプログラムをやっていこうと始めました。最初は、本当に小さなガレージを改造したところで、近所の子どもたちを対象に、2001年度から2004年度まで４年間行いました。

岸田：それはＪさんが独自で、という意味ですね？

Ｊ２：特定の企業さんとではなく、独自で、です。
　そういう事業を続けてきましたら、そのころに「ニート」や「フリーター」という問題が大きくなってきました。小さな地域だけではなく、

学校教育という枠組みの中で「こういう取り組みをしませんか」と、経済産業省から声をかけてもらいました。それを契機に、学校へ進出したのが2005年度です。初年度からA社さんと協働させていただいています。

最初の3年間は、経済産業省の委託事業という形で実証しました。初年度から経済産業省がおっしゃっていたのは「この3年間の間に1つの体験プログラムを作ってください」でした。かつ、それが向こう3年間だけで終わるのではなく「委託期間終了後も、自立的に継続して取り組む仕組みを作っていってください」というミッションが最初からありました。そのため、私たちには学校教育に即したプログラム自体がなかったのですが、A社さんと学校教育に即した形でのプログラムを作り上げ、委託期間終了後も自立的に進めていけるスキーム作りを行いました。

経済産業省の委託事業としては、2005年度〜2007年度まで3年間行い、2008年度からはA社さんと直接、NPO法人Jが協働させていただく形になりました。「住教育」はA社さんの大きな取り組みテーマの1つですので、今までどちらかというとキャリア教育のみにフォーカスが当たっていたんですが、お互いにとってメリットのある形、特長を活かせる形ということで、2008年度からは「住教育×キャリア教育」というプログラムを開発していきました。より学校のカリキュラム・教科の単元に即した形でやってみようと。学校のニーズに「こういった形だったらより応えられるんじゃないか」と、家庭科、数学の単元と連携したプログラム開発などを行いました。

2008年度の成果としては、住教育としてのプログラムができたことと、地域連携の実現ということで社会福祉協議会さんなどと連携はできたのですが、一方で内部のみの評価にとどまっていたのです。チームとして、アンケート結果を見て「こうだった、ああだった」というレベルだったので、より外部からの客観的な評価の仕組みが必要ではないかと、2009年度からは大阪教育大学の先生など外部の方に評価していただく仕組みになりました。2009年度については、外部からの評価を入れたことが1つの特徴と言えるかと思います。

それと、A社さんはいろいろな教育資源をお持ちです。例えば住宅展示場は、A社さんから見ると1つの営業ツールかもしれませんが、

子どもたちにとってはとても良い教育資源です。Ａ社さんがお持ちのいろんな展示場や事業所を活用したプログラムをつくろうと取り組んだのが、2009年度の１つの成果だと思っております。

　ドリカムスクール全体の特徴として、先ほどのＡ社さんのご説明の中にも含まれていたのですが、「参加するすべての人たちに学びがある」と思っています。単に大人が子どもに教えるというのではなく、大人から学んだ子どもたち自身が、次の子どもたちに伝えていく「学びの循環」をしていこう、と。例えば、大学生が最初にＡ社さんのプログラムを受けて、学んだことを小学生に伝えるとか。あるいは、高校３年生が住宅展示場を見学させていただいて、その学びを高校１年生に伝えるという形で「学びの循環」をしていく仕組みも、この年につくることができました。
　こういう形で新しい取り組みもして、2009年度は外部からの客観的な評価はしていただいたんですけれども「プロジェクトをどういう観点で評価していくのか、というところがネックだったね」ということがありましたので、より「こういう視点で評価しましょう」を、2010年度はつくるようにしました。
　Ａ社さんから「１社だけではなく他の企業と取り組むと、より社会活動を拡げていけるのではないか」という申し出もいただいており、2010年度そういう試みをしたのですが、なかなか相手先の都合がつきませんでした。他社との連携強化については、結局できなかったのですが、2010年度の大きな成果としては、今日のような形で「有識者会議」として、「住教育」と「パートナーシップ」とを分けて、それぞれの専門家の方からの評価をいただくことを行いました。

　学生チームによる授業実施のモデルづくりというのがあります。今までドリカムスクールを受けてきた学生がチームを組んで授業運営をしていく形で、Ｊだけではなく大学生自身がプログラムを進めていける仕組みを作ることもしました。そこが2010年度の大きな成果です。それも2008、2009、2010年度については、企業が大切にしている考え方や、最新トピックを盛り込んだプログラムの開発など、より多くの事業所に関わってもらおうと、Ａ社Ｈ支店などにお声がけをしてもらいました。評価改善の仕組みも、仕組み自体を改善していくことも大

きな柱として、取り組んでいきました。
　この中で先ほど「課題解決型はどういったところなんですか」という質問をいただきましたが、私たちが架空の課題を設定するのではなくて、A社さんが今、これからさらに取り組みたいと思ってらっしゃることに即したテーマ設定や、あるいは学校自身が「子どもたちにこういうテーマについて考えてもらいたい」と思っていることを事前のニーズインタビューで行いました。
　例えばA社さんでしたら2009年は「長期優良住宅に力を入れていきたい」でした。長期優良住宅に関連したものとして、2009年度を見ますと、大学生を対象に「長期優良住宅について小学5年生に伝えるためのプログラムを考えよう」など。「長期優良住宅」という言葉は小学生にはちょっと難しすぎるので、それを分かりやすくすると、2009年度からご協力いただいている小学校へは「100年長持ちする家」というテーマに置き換えて「実社会でこういうテーマが重要とされている」ことを小学生に分かりやすい形にして、それを社員さんと児童が一緒に考えていく。そういうテーマ設定にしていることが、1つの課題設定だと思います。それが課題解決型に関する取り組みです。

　ご質問の「子どもの変化がどう現われたのか」というところに関しましては、A社さんに説明いただきましたが、「夢に向かってチャレンジする、具体的にチャレンジしていく力を育みましょう」というのがドリカムスクール全体の目的です。その項目ももちろんアンケートで取っておりますけども、「チャレンジしたいと思いますか」という項目に対して、子どもたちが「YES」と答える割合は、もともとそれほど低くはありません。
　むしろ、子どもたちが最初「YES」と答えにくいのが「チームワーク力」です。先ほど見せていただいた例で、「自分の考えや思いをハッキリ伝えることができますか」や「相手の意見を否定せずに聞いて話し合えますか」というチームワーク力がもともと非常に低い。また、A社さんのプログラムもそうなんですが、ドリカムスクールのプログラムでは、チームワークを基本に「皆に守ってもらう約束」を設定して、「相手の意見を否定しない」や「自分の意見を言おう」といった中で、強調して伝えている部分というのが、より一層、効果として顕著に現れるのではと感じております。

◆事業説明から見えてきた課題

パートナーシップ大賞の仕組みと、その視点

岸田：今お話いただいた中でも、実は「課題解決型」というイメージが若干、ずれているように感じます。テーマ設定に、私たちがピタッとこなかった理由がかなり大きいと思います。その辺りが、パートナーシップ大賞の書類審査が通過できなかった大きな理由でもあるので、我々の観点とどこが違うのか、パートナーシップ大賞の状況からお話させていただいた方がいいかも知れませんね。

皆さんご覧になっていただいてないと思うので、今日、第7回パートナーシップ大賞の最終結果が出ているPSCの会報「PSC Report」を持ってきました。なぜそれをお渡ししたかというと、パートナーシップ大賞は基本的に3段階でやっていて、まず第1は、書類審査です。書類審査をし、その後、現地調査をし、そして最後プレゼンテーションをするという3段階です〔※第3部P125下図「評価活動（決定まで）の流れ」参照〕。

おそらく他の賞と違うのは、現地調査を大切にしていることです。ドリカムスクール事業は前回（第6回パートナーシップ大賞）、書類審査を通過して現地調査まで行っているんですよね。

この冊子（岸田が持参したもの）が第7回パートナーシップ大賞の審査資料なんですけども……。これが皆さんから応募いただいた書類を集めたものです。応募いただいたものを、我々はこういう形でまとめて、調査員と審査委員、全部で20人くらいになるんですが、その人たちに目を通していただき審査をしています。「調査員」という我々の内部スタッフ――これは、ほぼ一貫して当初から同じ人たちが関わってくれています。プラス、今回は大学の先生やNPO中間支援センターの人たちに新たに加わっていただきました。調査員という形で書類審査から現地調査まで行っていただく仕組みにしているんですね。その上で審査委員が審査をします。その意味では、かなり厳密に審査

> 『パートナーシップ大賞の特徴』
> ・NPOと企業の双方が合意しなければ応募できないこと。
> ・しっかりとした現地調査をおこなうこと。
> ・現地調査に基づいた事例集を発行することなどがあげられる。特に、事例集は、研究者によって分析されることも増えてきた。

をさせていただいていると言ってもいいだろうと思います。

　パートナーシップ大賞は、応募数からいうと、決してそんなに多くありません。それは、おそらくかなりハードルが高いからではないかと思います。NPOだけでも応募できないし、企業だけでも応募できなくて、両方の書類がそろわない限りは受け付けないんですね。実は第7回で初めて、「応募したい」と申し込みはあったのですが両方の書類が整わず、1ヵ所が辞退になってしまいました。そういう意味で、かなりハードルが高い賞だろうと思っています。

　最近は企業のCSR報告書の中に「パートナーシップ大賞に入賞した」「グランプリを取った」と書いてくださるところもけっこう出てきて、一定の評価をいただけるようになってきたのですが、その背景には、今言ったような、きちんとした審査をさせていただいているというのがあって、審査委員になっていただいた方が「ここまでやっているとは思わなかった」と言ってくださいます。そういう賞としての価値も、我々はしっかりと継続していきたいと思っています。

　調査員の中には大学の先生もかなりいて「自分たちの研究にしたい」というのもあります。それから、パートナーシップ大賞の本が今まで6冊出ているんですけれども、NPO中間支援センターの中に我々以上に「パートナーシップ大賞」の本を分析している人も出てきている、というのもあります。我々自身もこの成果をもう少し活かしていきたいと思っているところです。パートナーシップ大賞の継続はもちろんですけれど、これをもとにして、いろいろな事業が展開できる段階に来ています。そういう位置づけのもとに、このパートナーシップ大賞は我々のメイン事業として重要な位置づけで進めてきています。その分、企業の方たちにも、またNPOにとっても、協働することの意味がうまく引き出せるといいなと思っているところです。

応募書類を魅力的に書き込む

岸田：その中で今回、現実の問題として、書類審査で落ちてしまった原因と、それから今回の応募事業の全体の中の、位置づけみたいなものですね。実は点数は全部出ているので、調査員の点数と審査員の点数もここにあるんですが……（笑）。基本的には、応募いただいた中から10事業を現地調査にかけるんです。10事業の中から6事業を選んで、最終プレゼンをしていただく。そういう仕組みです。その10というの

> **書類審査のポイント**
> 1. まずは応募用紙が魅力的に書かれていること。
> 2. 評価は、「目標設定」「先駆性」「協働度」「達成度」「成長度」「インパクト」の6項目。
> 3. 調査の対象になるには、何か『突き出るもの』(特徴)が必要。

は、10が11になることも、12になることも、その時の状況で、あまり差がない場合にはプラスαを調査対象にすることもあります。

第7回は11事業の調査をしました。残念ながら……本当に惜しいんですよ、皆さんの事業。11の中には残らなかったんですが、私の評価だと同率12位だった。同率12位はけっこうあるのですが。これが調査員のトータルで言うと、平均12〜13位でした。だから、本当に惜しかったところだと理解していただけるといいですね。

第一次審査は、書類審査が主になります。もちろん応募していただいたいろいろな資料も見ますが、基本は応募書類ですね。だから、ここにどれだけ書き込まれているかが主になることをご理解ください。なぜかというと、資料は事前に全員には渡せないですから。審査書類をもとに、皆が集まって「ここはどういう組織か」「他に何をやっているんだろう」というときなどに、資料をチェックします。

そういうのが分かっていただけると、応募書類の中にいかに魅力的に書き込むかが、実はとても重要な第1段階だということを理解していただきたいのです。それで、どれだけ調査員や審査委員にインパクトが与えられるか。今、調査員では12〜13位と言いましたが、審査委員だけで言うと実は20位。審査委員の方で落ちたんですね。それだけインパクトが弱かったということです。

調査員の中には、いちばん高い点数をつけた人は「3位」の人もいたんです。だけど逆に言うと、20何位といった人もいました。当然、人によって見方が違いますから、それらを我々はトータルで見ていかなきゃいけない。「良いところ、悪いところは人によって見方が違う」という前提でお話をしなければいけない。したがって今日のコンサルティングは、基本的には、私の意見が主ということをご理解いただきたいですね。さっきも言いましたが、私は12位とし、調査員の平均では12.3位となっていますので、ほぼ妥当なところでお話できるかな、と思ってはいますが。

調査員の中では、点数を高くつけた人もいるし、逆に低くつけた人

もいるという状況だったのですが、それは数字として現れてきています。どういう観点で我々はこれを見ているかというと、まずは「目標設定」。それから事業としての「先駆性」「協働度」「達成度」それから「成長度」「インパクト」ですね。こういったところを書類審査では点数化しています。

ポイントになる「突き出るもの」

岸田：そういう意味で、この事業の特徴でいうと「いいんだけど、今ひとつ面白みがない」というのが正直なところ。「面白みがない」というとちょっと変な言い方かもしれないですが、これは私の言葉ではなく、調査員の中で第1回からずっと継続して協働事業を見てきた方の感想なんですね。

　パートナーシップ大賞は今回で7回目なんですけども、いろいろな特徴のあるものがグランプリを取ってきています。少なくとも、入賞するとかグランプリを取るとなると「突き出ないとだめだ」ということなんですね。その「突き出るもの」が何なのかというところが大きなポイントになります。今言った「面白みがない」というのは、平均的にOKなんだけど、本当に心に訴える何かすごく強いものとか、あるいは仕組み自体が今までにはない仕組みであるとかがないと難しいということです。今、全体に本当にレベルが高くなってきているんですね。協働のレベルが非常に高い。

　第7回は特に、どの事業がグランプリを取ってもいいくらいに、最終プレゼンではとても良いプレゼンが続いたんですね。質的には非常に上がってきています。そこでクリアしていくためには何かプラスα、他にはないものとか、ものすごい継続した何かとか、そういうものがこの「パートナーシップ大賞」では必要になってきていると思います。

◆パートナーシップ大賞は何を求めているのか？

"課題解決"の捉え方

岸田：これは審査委員からも意見が出たのですが、いちばん引っ掛かりがあったのが今回の応募書類の「書き方」です。「A社さんのためにやっている事業」に見えちゃったんですよ。我々は本業を活かしたり、事業活動をプラスにすることはなんら否定しません。逆にそれは、継続

> **書類から見えてきた改善点（本事例の場合）**
> 1. 『企業』だけのテーマで、地域や社会全体に広がっていかない。
> （裏返して言えば）
> 2. 地域や社会の課題が何かが見えていない。
> 3. 企業とNPOが一緒に何を解決したのかが見えていないこと。

のためにとても良いことだと思っているんです。しかし、そういうふうに見えてしまったところに、かなりマイナス点がありました。今回はそこが大きかったんです。

なぜか。実は先ほどの「課題設定の仕方」が引っかかったんですね。もっと言うと、私、今お話を聞いても感じたんですけれども、例えば「長期優良住宅について小学5年生に分かりやすく伝えよう」というのがテーマになっているでしょう？　でもこれは「課題解決」ではないんですよ。

基本的に「課題解決」と言うとき、例えば「実際に社会や地域に問題があって、その問題をどういう形で解決していくのかを考える」。そういうテーマ設定にしていただきたい、というのが我々の期待なんです。

しかしこの事業では「教育のための設定」なんですね。課題というよりは、あくまでテーマを設定しただけ。そこが、我々との違いが若干あるかな。「"課題解決"という意味のとらえ方に違いがある」という気がするんです。

どれだけ社会に影響を与えられるか？

例えば、A社さんが「長期優良住宅」という言葉を使っていたとしても、「本当に今問題なのは何？」「地域や社会が住宅に対して求める、いちばん大きな課題は何？」というところがもう少し掘り下げられて、それをテーマにしながら、その課題を解決するために、A社さんも、あるいは子どもも大学生も、皆がそういう課題を本当に解決していくためのテーマになっていれば、もっと我々も「ワクワク感」が出てきたと思うんです。

ところが、今のこのテーマ設定だと、A社さんのテーマであって、我々自身のテーマではないんです。そこがいちばん大きい。「10位以内に入れなかった大きな理由」と言っていいと思います。

例えば「100年長持ちする家」という、この表現も少し違うと思う

んですね。もっと違う表現があるはず。同じテーマにするとしても違う表現にした方が、もっと一般の人に分かるというか、心に訴えるテーマになりうるのではないか、と私は感じました。テーマ設定はものすごく大事で、その辺りがかなり勝負どころかな、このドリカムスクールに関して言うと。

だから、CSRの一環ということが—これは大変失礼な言い方になるんですが—「社会貢献活動」って言っているじゃないですか。そこが私は「若干違いが出てきているんじゃないか」「ズレが出てきているんじゃないか」という気がしているんですね。

もう今はそういうことではなくて、もちろん社会貢献が悪いと言っているわけじゃないんですよ、我々NPO側から言うと、どんどんしてほしいものではあるんですが。むしろ今、ここでやろうとしていることは「社会貢献」という観点からではなく、「社会の課題がいったいどこにあって、それをどのようにNPOと一緒に解決していこうとしているのか」。例えば「本業の分野でいったい何が問題なのか」を考えてもらった方が、我々から言うと、このパートナーシップ大賞の意味を考えていただくときのポイントになると思います。

どういうことかというと、我々は協働が「目的」じゃない。我々の本来の目的は、協働で社会や企業や地域のあり方を見直して、本当に良い社会をつくることです。パートナーシップ大賞は、賞を出すことが目的じゃない。どれだけ社会に影響を与えられるか、どれだけ地域を変えていけるか。「インパクト」ってそういう意味なんですね。だから、そのあたりがここに表現されているとうれしい。その点から言うと、やっぱり「弱い」感じがするわけです。

環境教育とか子どもへの教育って、たくさん事業があるでしょう。その中で特徴を出すのはかなり難しいです。よっぽど何か工夫がないと審査で残るのは大変なんですよね。

応募の中で上位、下位は早く決まるわけです。でもその「間(あいだ)」にある事業をどちらに入れるかで、かなり我々は議論する。この「間」にいることは確かなわけだから、それが上へ行くためにはどういうものが必要なのか、それが非常に大きいと感じました。

> 『パートナーシップ大賞』の本来目的は、協働でよい社会をつくること。

社会的にプラスになる

岸田：例えば小学生に「100年長持ちする家」っていうのも、私はまだ砕き切れてないと思うんです。小学生だったら、例えば「自分がおじいちゃん、おばあちゃんになっても、住み続けたい家ってどういう家？」と言った方がより分かりやすい。

そういったテーマ設定をするときの—実はここがものすごく肝心だと思っているんですが—そのテーマに対して、例えば子どもたちも「成長している」「プレゼンテーションが上手になった」「コミュニケーションができるようになった」というのは、その場は楽しいから当然そうなる。我々もワークショップをよくやるので、非常によく分かります。

ただ、「じゃあこのテーマを継続して、どうしたい？」となったときに「100年長持ちする家」は明らかにA社さんの発想だと思うんです。でも、子どもたちから言うと「自分が本当におじいちゃん、おばあちゃんになったとき、住み続けられる家ってどういう家なの？」と言った方が、よほど具体的にイメージできる。テーマの設定ってそういうことだと思うんですよ。

だから、まだちょっと弱いんですよね。「社会が家に対して求めるもの」「今本当に家づくり、住まいづくりで課題になっているものって何？」というところを、もっと徹底して掘り下げてやる必要が、あるんじゃないかなと私は思いました。（皆一様にうなずいている）

『グランプリ・入賞』のポイント
1．当事者だけでなく、第三者にも役だつ、「社会へのプレゼント」があると強い。
2．時代が求めるものに敏感である。
3．協働のしくみが面白い
4．協働事業に物語（ストーリー）がある。

私どもの「PSC Report」を見ていただくと、「パートナーシップ大賞」と「企業＆NPO協働アイデアコンテスト」と、2つの賞の発表をその号でしています。第7回のパートナーシップ大賞グランプリは「モバイル型遠隔情報保障システム普及事業」で、企業はソフトバンクモバイルさんでした。これは、私どもがやっている協働アイデアコンテスト（第2回）で最優秀賞を取ったNPOが、その後ソフトバンクモバイルさんと協働できて、それをパートナーシップ大賞に応募し、

それがグランプリをとったんですね。

　私自身は、協働アイデアコンテストは我々がつくったものなので、そこが応募していきなりパートナーシップ大賞を取らなくてもいいのでは…と思っていたんですが、会場の評価がとても高くて、審査委員や調査員も皆さん高い評価をしてくださって、最終的にはグランプリをとりました。これって、ものすごくヒントになると思うんです。（8〜17ページ参照）

　というのは、聴覚障がい者に対してiPhoneやiPadで、遠隔で文字情報を見られるような仕組みをつくったわけですね。つまり企業とNPOが協働して、そこに技術的には大学が間に入っていますけど、これって、開発した後すぐ、まったく関係ない第三者にも使えるでしょう？　社会にプラスになるのがよく分かりますよね。社会にとって、困っている人たちにとって。本当にすぐに影響を与えられますよね。そういう要素があると強い。

　この他、入賞した福岡の「車いす用雨カバー『ヌレント』開発事業」もそうです。企業名に「トヨタ」と付いているけれど、実はたった7名の事業所です。車いすの障がい者をバスまで送るとき、雨の日には車いすが濡れないようにしてあげる。ただし、車いすは本当に千差万別なので、カバーは車いすに合わせて作らなきゃならない。そういう困っている人たちのための協働事業が、皆さんの役に立っていくじゃないですか。社会的にプラスになるものって、心に響いちゃうんですよね。だから、そういう要素があるとものすごく強いと、今までの経験からも言えます。

時代の変化を読む

岸田：だから、たぶん「プラスαの工夫」が求められるんだと思います。

　前回Jさんに応募いただいたときは「CSR」というのがクローズアップされていたこともあって、CSRという切り口から取り組んできた事業だったので、我々は高い評価をしたんですね。でも、今はそれがもう当たり前というか当然のこととなっているところがあるでしょう？

　だから前回は調査まで行っている。だけど今回、現地調査まで行かなかったのは、CSRが当たり前みたいになっているから。そういう時代の変化は当然、反映されてくるのです。

◆入賞へのアドバイス～過去事例と評価のポイント

岸田：質問は何でも結構ですよ。分かる範囲で、できる限りお答えします。

J1：教育の事例の場合、どうやって進めればいいのですか？

岸田：工夫のしどころはあると思うんですね。教育でいうと、この本（『CSRに効く！―企業＆NPO協働のコツ』参照）は第4回パートナーシップ大賞の事例集ですが、パートナーシップ大賞グランプリで、兵庫県西宮市でやっている子どもの環境学習事業がしっかり書かれています。

　これは「教育」の分野であればぜひ見ておいてください。これを読むと、なぜ自分たちの事業が入賞しなかったかがよく分かると思うんです。それだけ優れたものがすでに出ているということ。この事業は、特に仕組みが優れているんですね。

　西宮市のNPO法人こども環境活動支援協会（LEAF）と企業30社の協働事業です。それぞれ4～6社くらいずつの企業が衣・食・住・エネルギー・ビン・文具、という6つのテーマで関わっていて、NPO側が半年かけて作ったプログラムに沿って、社員が直接学校に行く。そういう意味では皆さんの事業とかなり共通した部分がありますね。

プログラムに「物語」を盛り込む

岸田：そこの仕組みは、30社が、例えば「食」でいうと生産・製造・加工・販売・消費・回収・廃棄というふうに、食べるところから廃棄し、それをどうやって次に回していくかという仕組みそのものをプログラム化しているわけです。だから、そこに物語が出てくる。自分の食べるものが一体どこでできて、捨てたものがどうなっていくか、そこまで子どもたちが考えられる。そこに物語があるでしょう？　1つずつの物語を企業が担当しているわけですよね。

　だから、仕組みとして面白いんです。しかも衣・食・住・ビン・エネルギー・文具という、子どもたちにとって欠かせないものがテーマになっている。このプログラムの開発が1つですよね。開発の仕方です。半年かけて、カリキュラムを見直しながらつくっているというところと、先ほど言ったテーマ設定。6つのテーマをそれぞれが担当し

ますから、その仕組みというのがやはり大きいと思います。

同じ「教育」なんだけれども物語をつくりながらできている。エコ活動をやったら自分にポイントが返ってくる。子どもたちにとっても、環境というテーマが次の行動につながる。そういう仕組み自体に工夫があって、次につながるんですね。

要するに、協働プランをどうやってつくるかが、とても大事だと思うんです。プログラムづくりに企業とNPOがどれくらい関わって、自分たちのためだけじゃなく、本気で子どもや地域、社会のためのプログラムにできるかっていう。そこがポイントになるだろうと思います。それをやるためにかなり綿密なプログラムづくりが必要だろうと思います。それができているところが入賞していると思うんです。

「心に響く」変化を見せる

企業とNPOが協働するとき、あるいは何かのテーマを設定してやるときに、必ずお互い分からないところや、ぶつかるところがあるはずですよね。我々はそういうところをすごく大事にしていて、分からないところをどうやって乗り越えたのかとかを知りたいんです。我々が「協働度」と言うのはまさにそういうところなんです。

うまくいったということだけでは、あまり評価しない。むしろ「こんな困難があったけど、ここのところが非常に難しかったけれども、こうやって乗り越えた」とか「こんな工夫でクリアした」とかに共感をおぼえます。だから"そういう物語が欲しい"というのもあります。「すんなりとうまくいった」ではなく、そういったところがあった方が面白いというのも、これはたぶん人間の感情・感覚としてあるのだと思います。

それから、もう1つは「社員の変化」。企業の中で働いている人たちが変わることを、私たちは期待するんですね。そこがやはり、私たちが協働を推進する面白みなんです。特に、大きな企業でこんなふうに社員が変わったとか。こんなふうに本業に影響を与えたとか。

『協働度』のポイント
「協働」はうまくいかないことのほうが多いもの。 1．企業とNPOのそれぞれのノウハウを持ち寄り、刺激し高め合っているか。 2．困難・葛藤をどう乗り越えたか。工夫したか。 3．その中で何がどう[変化]したのか。だれの意識が変わったのか。 などが大切。

根本的なところで変わっていくものが見えてきたとき、我々は「やってよかった」と心底思えるんですね。そういう意味で、今回の応募はそういうものが見えにくかったかな、というのが正直なところです。

Ａ１：社員の変化というのは、やっぱり定量的なものの方がいいわけですね？

岸田：量と質の両方ありますね。定量的なものもあってほしいし、それから本当に一人の人が変わった、というのだって、量じゃないかもしれないけどあるといい。例えば、今まではそれほど目立たなかった人が、NPOと協働することによって社内にこんなインパクトを与えられるようになった、とか、あるいは本業の部分で―本業というのは、私は住宅を売ることだけだとは思ってないんですね。事業活動すべて含めてなんですけれど―。その事業活動の中で「こんなところをすごく変えることができた」とかね。これは実際にはあるはずですが、そういうものを具体的に見せていただけるといいなと思います。

　例えば、さっきお話いただいた中でも「社員の変化」というのは言っていただいたと思うんです。でも具体的なところが欠けている。「心に響く変化」みたいなところまでいっていないんですよ。どうしても「変化した」とか「変わった」とかぐらいで留められている。

　それは「当たり前のこと」と我々は思うので、「どう変わったの？」「何が大きく変化したの？」というのを伝えてほしいですね。特に「協働度」の中で大きいのは、企業の中の変化とか、あるいは、本当に対等な関係で事業が進んでいる、とか。そういうことが高い評価につながってくるんですね。

刺激しあってもう一段上へ

Ｊ４：「対等な関係」というのは、例えばどういうことですか？

岸田：それは事業によってかなり違います。今言った"プログラムを本当に一緒に作った"、とか、たぶんノウハウも違うはずですよね。NPO側が持っているノウハウと、企業側が持っているノウハウは違うはずなので、その違うものをどうやって組み合わせて、それぞれにない、よいものに仕上げたかということです。

一方のいいところだけを、もう一方が使ったというのでは、あまり対等な関係とは言えない。要するに、違いのあるものが、もう１段上へ行くっていうものが出てきたときに「協働度が素晴らしい」と思うのです。

事例で言うと、第２回パートナーシップ大賞グランプリ「地域メディアフル活用のNPO情報発信事業」（第２回事例集『NPOからみたCSR─協働へのチャレンジ』参照）。新潟県の「上越タイムス」というタブロイド版の日刊紙なんですけど、部数が7000部まで減って廃刊寸前のところに、NPOが関わることによって、部数を３倍に伸ばすことができた。しかも、取材をする先も広告を取る先も、NPOと企業が同じところに行くこともありうるんですね。NPOに１ページ提供されて、それを担当することから始まった協働なんですが、１ページが２ページになり、２ページが４ページになって、毎週NPOが担当することによって、部数が３倍に増えた。

NPOは、編集や取材、広告を取ることは、もともと本職じゃない。それを、企業側の上越タイムスと一緒に同じ現場に出ることによって、いろいろなことを学ぶ。なおかつ、広告はどっちが先に行ったかで決まってくることはよくあるし、現場の取材であれば、どれだけ良い記事が書けたかによって決まってきます。そこで「切磋琢磨」、まさにお互いが刺激しあって、地域密着のいい新聞になっていく。それが３倍の部数につながった、ということなんです。

そういう事業って、お互いが自分たちの力を本当に発揮しない限り成立しないでしょう。なおかつそれが形として成果を生んできた。それがグランプリ受賞につながってくるんですね。

みんながハッピー～「パートナーシップ大賞」の原点

岸田：それから第１回パートナーシップ大賞グランプリですが―実は、これが成功したから今も「パートナーシップ大賞」事業をやっている、象徴的な事業といっていいのですが―車いすの修理をしてきれいにして海外に送るという「車いす集配・はこび愛ネット事業」です（第１回事例集『NPOと企業─協働へのチャレンジ』参照）。すごく面白いのは、普通なら海外に送るとき、航空便を使って送る。でもお金がすごくかかりますよね。それをNPOは自分たちで「誰の車いすを誰にあげるか」まで明確にした上で、現地に届けるわけです。

そこにまず1つ、日本と海外が車いすによって「心がつながっていく」というのが前提としてありますよね。その上で、自分たちももちろん届けるけれど、海外旅行へ行く人や学生が卒業旅行で海外に行くときに、その車いすをボランティアとして持っていってもらうんです。
　彼ら彼女らにしてみれば、単に海外へ旅行に行くつもりが、ボランティアに目覚める。現地でその人に直接車いすを渡すわけですから、「ボランティアをして良いことをした」と思える。相手から、感謝の言葉が確実に返って来ます。あるいは手紙が来たりとか。そうすると「単に観光旅行へ行ったつもりだったけど、その車いすを渡してあげるだけでこんなに喜ばれるんだ」と思えるから、ボランティアに目覚めて帰ってくる。だから、帰ってきて、今までまったく関係なかった人たちがボランティア活動に参加する。ものすごく広がるでしょう。そこだけ取っても素晴らしいわけですよ。
　これは北海道の事業なんですが、それに企業が加わることでさらに展開した。札幌市内だったら自分たちで取りに行けるけど、稚内や網走だと「車いすがあるよ」と言われても行けないところを、「札幌通運」という会社の社員が、仕事のついでに取りに行ってくれるわけです。
　取りに行った車いすを、社員がきれいにして、ついでに保管倉庫を提供して、海外旅行に行く人に渡すために、新千歳空港まで持っていってあげる。そうすると、その企業に対して、NPOの側も感謝の気持ちをすごく抱くわけです。
　だから、車いすを提供した人も、車を運んでくれた企業の人も、海外旅行へ行く人も、車いすをもらった現地の人も、アジアの貧しい地域ならなおのこと、本当にすべての人たちがハッピーになれるんですよ。そういう事業だったんです、第1回のグランプリは。
　私たちはこれがあったからずっと続けられるというか……本当にすべての人たちにとってハッピーな事業です。すごい工夫があるでしょう？　我々はそういうのを期待しちゃうわけです。（みんなうなずく）

資金提供のしくみ

J1：協働事業を成立させるための資金面というのは、どう調達しているんでしょうか？

岸田：第1回グランプリの例で言うと、明らかにNPOの側はボランティ

ア団体です。ボランティアのNGOですよね。海外に届けましょうっていう話なので。だけど、実際車いすを取りに行くときには、企業の車を使ってやってくれるわけですから、お金に換算したらものすごい額がNPOに注がれている。もちろんお金に換算はしてないですけど、したらすごいことになるでしょう。もう少し言うと、実はNPOの事務所も企業が提供しています。本社のビルの中に事務所を安く提供しているんですね。そういうこともやっている。

　もう1つは、NPOから言うと「事務局を雇えるようもっとお金が欲しい」という現実の部分があって。それもまた、企業の方が一生懸命考えてくれた。札幌通運という物流企業なので、NPOの会員さんが引越しとか宅配をお願いすると、その5％をバックするという形で、NPOにお金も入るようになってきたんです。ということは、企業にとってみれば今までのお客さん以上に広がりがでてくる。これは企業にとってもすごいメリットですよね。売り上げもそれで最大5000万円くらい伸びたと聞いています。NPOにとっても、バックされるわけだからメリットがありますよね。

　要するに双方にメリットがあるし、なおかつ関わっているすべての人がハッピーでしょう？　これは珍しいくらいすばらしい事業だと私は思っています。

現地調査の意外な（？）チェックポイント

Ａ３：今お聴きした中で、いろいろな企業さんのお名前が出ています。企業側は規模の大小でかなりバラつきがあると思うんですね。企業側はNPOとの協働で、誰がいちばん、ジャッジというか影響というか、左右するのかなと。

　大きな企業であれば、担当部署の責任者であるとか。あるいは中小企業という形もありますが。企業の誰がGOサインを出すことによってうまくいくんでしょうか。逆に、NPOさんの誰を説得して協働すればいいんでしょうか。

岸田：それは、事業によってかなり違い

『現地調査』のポイント

1. 評価項目は「目標設定」「経過」「事業結果」「インパクト」の4項目。

2. 項目ごとの「合意レベル」が、担当者レベルか、部署か、会社全体かもチェックする。

ます。企業の規模によってもかなり違います。ついでに言っておくと、次にチャレンジしていただいて、書類審査が通って、ヒアリングに行ったとします。その時に我々はね、こういうのを作っているんですよ。ちょっとこれも内緒でお見せします、内緒で（笑）。こういう調査表（第1～3回事例集巻末を参照）を作るんですよ。

　これはどういうことかと言うと、我々は複数名で現地調査に行って、NPO側と企業側それぞれ別々に調査をし、それをつき合わせて、目標設定・経過・事業結果・インパクトと4つの大きな分野で、20項目にわたって点数をつけていくんですが、そのときに「合意レベル」というのを見るわけです。

　つまり、どの部分で—担当レベルなのか、部署全体なのか、会社全体なのか—っていう、そこまでチェックをします。だから、もちろん会社全体の方がより高いということですね。担当者レベルは当然合意ができてなきゃいけないし、広がりがどこまであるのかということまで見ます。

　それをNPO側、企業側という形で、それぞれ20項目の中を大体3つくらいまで項目に分けてチェックしています。これらが基礎点になるんです。

　ついでに言えば、全部で200点満点なんですけど、160点は現地調査で、あとの残り40点は最終審査のプレゼンテーションで決めていくんですね。だから、40点だけは会場の審査も入ります。会場に直接来た人たちも審査ができる形をとっているので、けっこう面白い。だから、最終審査だけでトップになってもグランプリをとるとは限らないんですね。事前に現地調査をきちんとしていますので。

　その前に、NPO側からも企業側からも、自己評価を出していただくんです。だから、どのレベルかというのは、中小企業ならトップが企業全体でやることが当然多い。あるいは社内にかなり影響を与えたということが分かるかどうか。または、CSR報告書に書かれているかいないか、とかね。それをどのくらい評価しているかとかが、かなり大事な要素ではあります。

J4：審査の観点で1つ。「成長度」とおっしゃったと思うんですが、成長度というのは、どういうふうに考えられていますか？

岸田：「成長した」っていうのは、会社とか組織が成長したということではなくて、主には意識の変化です。成長したというのは、組織が成長した、大きくなったということではなく―もちろんそれを勘案しないことはないのですが。むしろ重視すべきことは、意識の変化や、例えば環境なら環境への取組みの層がどれくらい広がったかとかです。それから、考え方やNPOに対する関わり方とか。先ほど言ったものが関係しますね。

担当者の想い次第で事業が変わる

Ａ３：私も社員として関心があるんですが、そういう社員を想定するとき、その前段階やプログラムは重要ですか？ 我々サイドからすると「誰を選ぼうかな」という観点もあるんですが。

岸田：はい、もちろんそうですよね。

Ａ３：そのあたり、ウエイトというか。

岸田：やっぱり、社内で影響力を与えられる人でしょうね。

Ａ３：じゃあ、やっぱり人選というのが……。

岸田：担当者の人選はとても大事だと思います。担当者がNPOと関わるときにうまくいくかどうかは本当に協働事業を左右するので。気持ちを込めてやれる人かどうかが、私はポイントになるんじゃないかと思います。事業って生き物なんですね。どう展開するか、どこにどんな芽が出てくるかって、その人の想いや気持ちがどれだけ入るかによって、まったく変わります。そういう意味で、人選はものすごく大事です。人によってかなり……、まったく変わると言ってもいいかもしれない。

Ａ３：実績とか、どうしても目に見えるものの評価をしてしまいますが、こういった事業というのは、例えば「受注を取ってきたからできる

企業担当者のポイント
1．「業績」よりは「気持ち」をもった人。
2．アンテナを張れる人。
3．担当部署に行きたくなる風土が、人を育て事業を育てる。

だろう」という観点じゃないんですね。

岸田：それは絶対だめですね！

Ａ３：難しいですね。

岸田：そう、難しいですね。

Ａ３：例えば、過去の成功事例で、優秀なアイデアを立ち上げた企業人の中で、共通する何かはあるのでしょうか？

岸田：「気持ちの問題」だと言ったのがそれで、札幌通運も、そういう気持ちを持っている人が最初、労働組合にいたんですね。これは労働組合から始まった事業なんです。労働組合の書記長が１枚のファックスから「協力できることはないか」と考えたところから始まった。そういう気持ちを持っているから協働ができたのであって、それがなかったら全然成立してなかったんです。だから、そういうアンテナをちゃんと張れる人というのがとても大事なんじゃないでしょうか。

Ａ３：逆に、そういうのをやりたいので、GOサインを出す風土っていうのは、組織側としたら必要ですね。

岸田：それは必要でしょうね。そういう仕組みをつくっておくといいですよ。「ここに行きたい」と皆が思ってくれるようなCSR推進室。「ここに行くとNPOと関われる事業ができる」とか。そういう面白さが持てる風土みたいなのがA社さんの中にあると、私はいい事業を展開できるんじゃないかと思います。

維持できる社内体制を
Ｊ３：他の企業でもたぶん、社内を巻き込んでいくときにいろいろ工夫とかあると思うんですが、何か事例はありますか？

岸田：札幌通運でいうと、最初は労働組合だけが関わっていたんです。それが会社ぐるみになったのは、書記長が、社長が代わったときにう

まく展開したんですね。しかしそれは社長の想いの違いによっても変わってきます。大企業なら、仕組みとしてちゃんと継続できるようにしていくことが大切だと思いますし、例えば協定書を結ぶということになるでしょう。そういうのがあっても当然いいと思います。いろんな方法が考えられます。

一緒にやりたくなるNPOとは？

Ｊ１：企業がNPOと組むときに、NPOから学びたいとか、一緒にやりたいと思うところはどんなところでしょうか。

岸田：NPOのミッションが何かによると思うんですが、基本的にはNPOの専門性です。NPOが持っている専門性が、その企業にとってどう役に立つか、というところがあるだろうと。だから、それはさまざまあると思います。その専門性の中身が本業に近いところなら、よりいい結びつきになる、とは言えますね。

社会貢献と協働の違い

岸田：今私が気になっているところで言うと、やっぱり「社会貢献」という発想なんですね、Ａ社さんの発想が。「社会貢献」という発想では、本当の意味での協働からいうと気持ちの上でちょっと弱い。どちらかというと私は「社会活動」と言った方が本当はいいと思っているんですけど。社会貢献じゃない、自分たちは当然、社会の一員であるという、「企業市民」って言葉をたぶん使われると思いますが、企業市民としての当然の役割、果たすべきこと、みたいなとらえ方にどこまでなるか、だと思うんですね。

　大きい企業になればなるほど、どうしても１つの「組織」になってしまう。CSR推進室なら、CSR推進室というところだけの活動になってしまうので、そのあたりをよほどうまくやらないと、本当の意味での協働はなかなか難しいと私は思うんです。それを上手にやるかどうかは、また次の工夫があっていいので、そこは乗り越えてもらえばいいですね。

> 「社会貢献」「応援します」の発想では「協働」は弱い。
> 双方にメリットが必要。

Ｊ１：社会貢献と、企業市民とか社会活動の違いというのは、例えば「NPOの活

113

動を応援します」ではなくて「一緒にやります」ということですか？

岸田：そういうことです。この事業ではまだ「応援します」の要素の方が強いんじゃないかな。そこが気になるところですね。応援しますよって言いながら、「Ａ社」がものすごく前に出ている……そのあたりが気になったんですね。

　応援することは決して悪いことじゃない。NPOも応援してほしいと思っていますから。でもこのパートナーシップ大賞は「協働」ということなので、そういう観点から見ています。社会貢献の要素があっても全然構わないし、それはＡ社さんとして当然あっていいんです。いいけれども、我々のパートナーシップ大賞から言うともう少し、協働に重点が置かれているということなんです。

Ｊ３：確認ですが、専門性というのは技術だけじゃなくて、企業のインフラというか、リソースみたいなものも含めた専門性で、北海道内を車でぐるぐる周っていること自体が、１つの専門性というかリソースになるのかなと思いましたが。

岸田：それは企業の持っている専門性ですよね。企業は独自のノウハウはいっぱいあると思います。その企業がNPO側に期待するものは何か。NPOはどちらかというと、ミッションそのものをどう実現するか、そのための事業をいろいろ展開したり考えたりしているわけです。そのミッション実現に企業側も「自分たちにとってもメリットがある」と思えなきゃいけない。そのメリットは何かというと、主にNPOの持っている専門的な要素ではないかと思うんですね。

　例えば、ドリカムスクールで子どもたちを対象にワークショップをやるのであれば、「ワークショップならＪさんに任せてれば安心」ということにならなきゃいけない。そこに任せて安心、その上自分たちもそれに関わることで得られるものが多い、という専門性への信頼、期待ですよね、企業側から言えば。そこで企業も成長できるし、個人も成長できる。企業はさらに事業活動にも反映できるとなったときに、両方にメリットが出てくる。単なる社会貢献じゃなく、ですね。

◆次回チャレンジに向けて〜コンサルを受けての感想

J1：そろそろ、まとめに入っていきます。「発想をすごく変えないといけないのかな」と個人的には感じました。今すぐ、こう、というのが思いつかない状態ではあるんですけども。よかったら一言ずつ、今日感じたことをお伝えいただいて、終わりにしていけたらと思います。

J4：私も「発想を変えないといけない」と思いました。社会の課題を一緒に解決していくパートナーである。それぞれの専門性を活かしたパートナーである、という発想を、よりもっと強く持たないといけないなと。そのためにJとしては、専門性の部分をどこへ伸ばしていかないといけないのかというところも考えるきっかけになりました。本を読んで勉強させていただきたいと思います。

J3：A社さんに限らず、いろんな企業さんと協働するときに、我々が企業の担当者の方や外部の方と、どうやって想いの部分を共有していけるか。今、話を聞きながら、今までの過去の関わり方でもっと工夫できる余地があったんじゃないかと感じました。「発想を変えていかなきゃいけない」というのはおそらくそうで、どんなふうにやっていくのかは、また我々の専門性やA社さんの専門性を棚卸しして、改めて考えていきたいと思います。

J2：本を一通り読んではいたのですが、内容がきちんと分かっていなかった。直接お伺いすることで、温度とかがより分かるなと思いました。パートナーシップ大賞の最終審査も行けばよかったです。

岸田：落ちたときこそ、来られるといいですよ（笑）。最終プレゼンを見て、他とどれだけ違っていたかを見ていただくのが、本当は一番いいですね。

J2：我々の課題でもあると思うんですが、目的が何で、その目標をどう設定して、そのためにどう協働するか。さっき「発想」の話があったんですが、協働ありきではないと思うんですね。我々が持っている、現場で感じていることや課題、「こういうふうにしていきたい」とい

うこと、そういうものをもっと出していく。それで、一緒にうまく協働していく体制が作れるんだということを改めて思いました。今後の課題として、ぜひ取り組んでいきたいです。

J6：岸田さんのお話が非常に分かりやすく、ためになって面白かったです。「工夫」というのを何度も岸田さんはおっしゃっていて、自分自身の中から作り出していくのが決して難しいことではないのかなと感じました。

　この時間を通じて、これからの自分の取り組みが楽しみというか、その可能性も見えてきました。非常に分かりやすく、ざっくばらんにお話しいただいて、感謝の気持ちでいっぱいです。

J5：どういう想いで立ち上げられたか、というお話を聞かせていただいたので、私としてはとても実感できる部分がありました。やはりちょっとテーマもぼんやりしていてポイントが甘いのを感じたので、これからはそちらも考えていきたいなと思います。

A5：個人的な感想なのでJさんがどう考えられているか分からないんですが、個人的にはJさんの活動自体は一発ホームランを打てればいいという活動じゃないと思っています。必ずしもパートナーシップ大賞を取ることが目的じゃない。目標とするのはいいと思いますけれども。

　そこまで自分たちの本当の目的というのを持っていくかどうかは別として、Jさんもそうだと思うんですけど、実際に今後どういうことをしたいのかをもう1回考え直す必要があるのかな、お互いそのときに何ができるかというのも考え直す必要があるのかな、という印象を受けました。

A4：いろいろと思うこともたくさんあって、なかなか言い切れないところもあるかもしれないんですが、やはり目的意識です。目的は本当に何だろうかということを、もう一度原点に立ち返って、当然Jさんの目的も我々の目的もちゃんと照らし合わせて、もっと明確にしないといけないなと思いました。

　札幌通運さんのお話を聞いていて、もしかしたらヒントになるかも

しれないと思ったのが「第三者を巻き込んで気づきを与えてあげること」。切り口として面白い気がしました。そのあたりを追求して、きちんと考えたいと思います。

A3：質問させていただいたので、私の中では腑に落ちたものが結構あります。やはり先ほど岸田さんがおっしゃっていた、エモーショナルな部分が日々の仕事の中で薄れていくというか、つい忘れて後回しになるみたいな……うまく伝えられないですが。今日コミュニケーションする刺激を与えられたことによって、また思い出して「これじゃまずい」と思った場でした。

しかし一方で、組織の中でロジカルな部分も非常に重要なので、常に意識してきたつもりなんですが、やっぱりちょっとバランスを欠いていたかな、と。思考がロジカルになりつつあった自分でしたが、こういう場に参加して、バランス感覚を取り戻しました。こういう場がCSRに携わっている人間には必要なんだというのを、今日再確認しました。

A2：私は、どうしても「社会貢献活動」のための活動、という感じに陥っていたところが少なからずあったのかなと思いました。役に立とうと思ってやっているわけですが、パートナーシップ大賞に限らず、協働でやるからには、もっと社会にインパクトを与えられるようになることが高い目標になってくる。そう思って取り組んでいくと、本当の意味でのインパクトを周囲に与えられるんだろうなと。担当者の想いが大切だと思いました。

以前、本で札幌通運さんは読ませていただいていたのですが、やっぱり直にお話をうかがったことで、いかに想いが大切かを感じました。

A1：前半は、パートナーシップ大賞の書類の書き方とかテクニカルな面の説明も多かったんですけども、やはり後半の話を聞いていると、本当に大事なのは活動の中身という気がしました。札幌通運さんの話を聞いていると、これだったら書類を書かないでも通るんだろうと（笑）。認識を新たにしました。地域の課題というのは何なのか。私たちが目的として取り組まなきゃいけないのは何なのかということですね。それから、協働というのは目的でなく手段だという認識を新たに

させていただいて、もう一度考え直したいと思いました。

岸田：皆さん、真剣に聞いていただいて、ありがとうございました。テクニカルな話というのもまさに、気持ちから起きるものです。我々は協働そのものが目的ではなく、協働でやることで、我々のより高い目標や目的を達成できるんだという―そういうものになっていかないと本物にはならないと思っています。

　パートナーシップ大賞は形にこそなっていますが、あくまでそれを通じて、そういう人たちの想いが拡がっていくことが、我々にとってうれしいことです。こうやって呼んでいただいたことに、今回はとてもとても感謝しています。ありがとうございました。我々の伝えたいことも伝わったかな、と。ただ落とされた……とは決して思わないでくださいね（笑）。

翌日、J協働事業担当リーダーの方からいただいたメール

　昨日は、Ａ社さんでの有識者会議にお越しいただき、誠にありがとうございました。
　今回の企画（パートナーシップの観点からＡ社さんとの協働を客観的に見直す場をつくること）は、昨年、パートナーシップ大賞に応募させていただくところからスタートでしたので、約１年ほど温めて、念願の開催でした。
　岸田様にもお会いできて、大変うれしく思っております。ざっくばらんに、わかりやすくかつズバッと本質をついたコメントをいただいて、とてもありがたかったです。
「社会のどのような課題を一緒に解決していくのか？」
「何のための協働なのか？」
　改めて、考えるきっかけと原点（想い）を見つめなおす場となりました。
　Ａ社さんとの協働がスタートして丸６年、社会貢献活動の一環としてＪを応援していただく関係から、社会の課題を一緒に解決していくパートナーとしての関係にステップアップしていけるよう、早速Ａ社さんとも今後の協働について話し合いを重ねていく予定です。
　今後とも、ご指導どうぞ宜しくお願い致します。
　取り急ぎ、御礼まで。

第Ⅲ部

データでみる
第7回
パートナーシップ大賞

第1章 募集プロセスおよび応募事業一覧

1. 第7回パートナーシップ大賞　募集プロセス

　第7回パートナーシップ大賞は、2010年6月1日から募集を開始しました。2008年に第6回を開催して以来、2年ぶりの開催となりました。今回は初めての試みとして、全国より3つのNPO支援センターと5つの大学研究機関の協力を得て、それぞれの地域での広報と調査および審査委員会での調査報告を担当していただきました。

　募集は、主催者であるパートナーシップ・サポートセンター（PSC）からのメール配信のほか、全国各地域のNPO支援センターにポスター掲示及びチラシ配架のお願い、また、WEBサイト、メールマガジン、SNS、情報誌、日本NPO学会のメーリングリストなど多くの媒体の協力を得て実施。新聞各社を通じた広報も行いました。日本NPOセンター、NPOサポートセンター、日本NPO学会と、愛知県、名古屋市の後援のもと、積極的な募集活動を展開しました。

　なお、応募事業の選考を行う審査委員には、企業、マスコミ、NPOの各代表と、第6回パートナーシップ大賞グランプリ受賞者、そして審査委員長は引き続き日本NPO学会顧問の今田忠氏にお願いし、パートナーシップ・サポートセンター代表理事を併せ計6名で構成されました。

【第7回 パートナーシップ大賞　募集要項】

(1) 趣旨
　NPOと企業のパートナーシップを確立し活性化することにより、社会や地域の課題を解決し、新しい市民社会・新しい公共の実現に寄与することを目的として、2002年から始まった「パートナーシップ大賞」。今回で7回目を迎えます。
　CSR（企業の社会的責任）が一段と注目されるなか、NPOと企業の協働への関心はさらに拡がり、「新しい公共」の担い手としてのNPOと企業の役割は、さらに大きくなっています。
　今回から、改めて全国の大学とNPO支援センターの協力を得て開催することになりました。全国各地に拠点を置き、より広くNPOと企業の協働事例を収集し調査にあたります。
　「パートナーシップ大賞」は、それらの協働事業の中から特に社会にインパクトを与えた特色ある事例を顕彰し、より多くの方に知っていただくことを目的としています。

(2) 賞
■パートナーシップ大賞グランプリ　1事業…NPOに記念盾と副賞30万円、企業には記念盾を贈呈
　NPOと企業との協働の推進に極めて高く貢献し、顕彰するにふさわしい協働事業
■パートナーシップ賞　5事業…NPOに記念盾と副賞10万円、企業には記念盾を贈呈
　NPOと企業との協働の推進に高く貢献した協働事業

(3) 対象となる活動や事業
　　日本に所在するNPO（法人格の有無不問、以下同じ）と企業との協働事業

(4) 応募条件
　①現在継続中および事業終了後2年以内のもの。自薦および第三者による推薦。ただし、どちらの場合も、NPOおよび企業双方の了解が得られていることを条件とします。
　＊協働事業ごとの応募となりますので、1NPOまた1企業（事業所可）が、複数の協働事業についてそれぞれ応募することも可能です。
　＊事業所単位の応募も可能です。
　②過去の「パートナーシップ大賞」受賞事業を除く。
　③応募事業については、事例集として作成する刊行物等に協働事業名、NPO名、企業名等を掲載させていただきます。

(5) 応募方法
　応募用紙を、PSCホームページからダウンロードし、必要事項をご記入の上、PSC事務局宛にE-mail（Word形式）および、同じ内容のものをプリントアウトして郵送してください。（応募用紙のダウンロードができない方は、下記問合せ先までご相談ください）
　＊ご応募いただいた資料は返却いたしません。

(6) 選考の流れ
　審査・選考はPSCによる「パートナーシップ評価」等に基づき第一次審査（書類）、現地調査、第二次審査を経て、最終審査により各賞を決定します。なお、審査の過程で、資料の提供ならびに取材をお願いする場合もあります。

(7) 審査委員
　　今田　　忠（市民社会研究所　所長／日本NPO学会　顧問）
　　飯尾　　歩（株式会社中日新聞社　論説委員）
　　岸本　幸子（NPO法人パブリックリソースセンター　事務局長）
　　永田　宏和（NPO法人プラス・アーツ　理事長）
　　　　　　　　※第6回パートナーシップ大賞グランプリ受賞
　　森　　　摂（株式会社オルタナ　代表取締役社長）
　　岸田　眞代（NPO法人パートナーシップ・サポートセンター　代表理事）

(8) スケジュール
　募集期間　　　　2010年6月1日(火)～7月31日(土)18：00必着
　第一次審査　　　2010年8月29日(日)
　第二次審査　　　2010年10月24日(日)
　最終審査＆贈呈式　2010年11月27日(土)13：30～
　ウィルあいち大会議室（愛知県女性総合センター）名古屋市東区上竪杉町1
　＊第二次審査を通過した事業は、当日プレゼンテーションを行っていただき、パートナーシップ大賞グランプリを決定いたします。

主催：特定非営利活動法人パートナーシップ・サポートセンター（PSC）
後援：日本NPO学会　日本NPOセンター　(N)NPOサポートセンター　愛知県　名古屋市
協力：(N)きょうとNPOセンター　(N)藤沢市市民活動推進連絡会・ソーシャルコーディネートかながわ　(N)杜の伝言板ゆるる　金沢大学地域連携推進センター　松下重雄研究室　自由が丘産能短期大学能率科　松本潔研究室　北海学園大学経営学部　菅原浩信研究室　山梨大学大学院持続社会形成専攻　長谷川直哉研究室　立命館大学政策科学部　桜井政成研究室
協賛：三井住友海上火災保険(株)　トヨタ自動車(株)　(株)デンソー　京阪電気鉄道(株)大津鉄道事業部　(財)中部産業・地域活性化センター　(株)高田自動車学校遠野ドライビングスクール　(株)アバンセコーポレーション

2. 第7回パートナーシップ大賞　応募事業の分野

今回のパートナーシップ大賞には、30件の応募がありました。これらの分野別の内訳は以下の図表の通りです。分野については、応募の時点でそれぞれに選択していただきました。まちぐるみでエコ活動に取り組んでいる事例は、環境保全とまちづくりに分類されるなど、活動分野が複数の分野にまたがる事例も多く含まれるため、延べ54件となっています。NPO法による活動分野17のうち、今回応募があったのは13分野となりました。

事業分野	件数	%
まちづくり	10	19
環境保全	9	17
保健・医療・福祉	8	15
子どもの健全育成	8	15
社会教育	5	9
国際協力	3	6
学術・芸術・文化・スポーツ	2	4
男女共同参画	2	4
情報化社会の発展	2	4
NPO支援	2	4
地域安全活動	1	2
科学技術振興	1	2
経済活動活性化	1	2
災害救援活動	0	0
人権・平和	0	0
職業能力開発・雇用機会拡充	0	0
消費者保護	0	0
合計	54	100

応募事業の分野で見てみると、一番多く応募のあった活動分野は「まちづくり」、次いで「環境保全」「子どもの健全育成」「保健・医療・福祉」となっています。企業のCSR活動が進む中、NPOとの協働による地域貢献が会社組織の取り組みとして、さまざまな分野で展開されるようになったのも今回の特徴の1つです。通信会社がNPOと連携して障がい者を支援する製品を開発・提案したり、

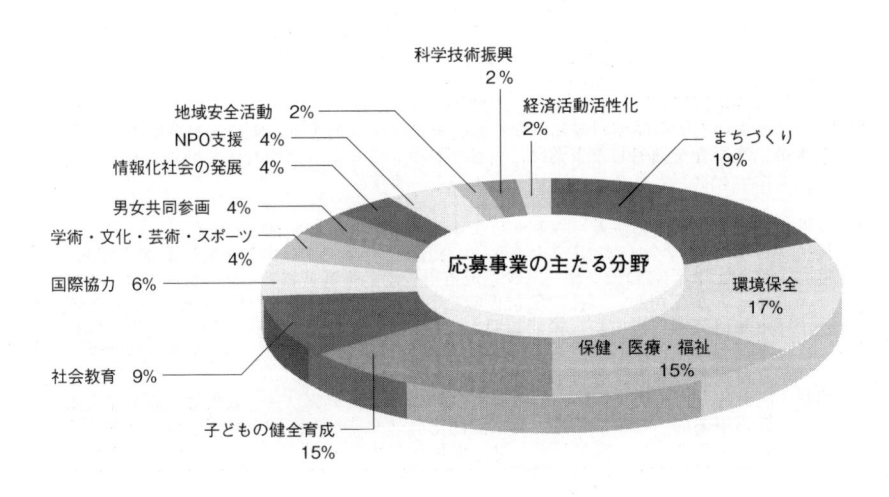

応募事業の主たる分野

- 科学技術振興 2%
- 経済活動活性化 2%
- まちづくり 19%
- 環境保全 17%
- 保健・医療・福祉 15%
- 子どもの健全育成 15%
- 社会教育 9%
- 国際協力 6%
- 学術・文化・芸術・スポーツ 4%
- 男女共同参画 4%
- 情報化社会の発展 4%
- NPO支援 4%
- 地域安全活動 2%

トイレットペーパー・紙おむつを製造するメーカーが、子どもたちへの食育や排泄教育を行ったり、バッテリーの再生を行う企業が地域の児童向けに環境教育を行うなど、企業が本業を活かした地域活動を行う事例が多く見られました。

3．第7回パートナーシップ大賞　応募事業一覧

No.	協働事業名	分野	実施企業	実施NPO	地域
1	NEC ワーキング・マザーサロン	保健・医療・福祉、男女共同参画	NEC	(N)マドレボニータ	東京
2	北海道農産加工品活用ジェラート開発	経済活性化、NPOの連絡・助言・支援	㈱GO-WELL	(N)NOUZOU (N)北海道ホスピタル・クラウン	北海道
3	マナーキッズ®プロジェクト	社会教育、子どもの健全育成	㈱三菱東京UFJ銀行	(N)マナーキッズ・プロジェクト	東京
4	横山マンション・リユース大会	環境保全、まちづくり	日本通運㈱茨木支店	セブンヒルズ千里山コミュニティ	大阪
5	モバイル型遠隔情報保障システム普及	子どもの健全育成、情報化の発展	ソフトバンクモバイル㈱ 筑波技術大学	(N)長野サマライズ・センター	茨城 東京 長野
6	ライフプランニング支援	男女共同参画、子どもの健全育成、情報化の発展	㈱ロックオン	(N)関西こども文化協会	大阪
7	車いす用雨カバー「ヌレント」開発	保健・医療・福祉	トヨタハートフルプラザ福岡	(N)クックルー・ステップ	福岡
8	ソーラーカーを用いた体感型環境教育	まちづくり、環境保全	㈱浜田	(N)紀州えこなびと	大阪 和歌山
9	明電舎ものづくり教室	子どもの健全育成、科学技術振興	㈱明電舎	(N)コアネット	東京
10	ぎふ・エコライフ推進プロジェクト	まちづくり、環境保全	丸魚フードセンターほか　850店舗	西濃環境NPOネットワーク ぎふ・エコライフ推進プロジェクト実行委員会	岐阜
11	高齢者介護施設ビューティーキャラバン	保健・医療・福祉	東海ゴム工業㈱	(N)全国福祉理美容師養成協会	愛知
12	脳トレリハビリテーション	保健・医療・福祉	健塾（こるくぼ〜ど）	(N)ドリーム	愛知
13	難病患者の医療生活相談会	保健・医療・福祉	辞退		静岡
14	精神障がい者の雇用確保へ向けて	保健・医療・福祉	㈱ジーフット	雇もれびの会	愛知
15	高齢化をする村を応援するプロジェクト	環境保全、農山村地域の高齢化・過疎化問題	アストラゼネカ㈱	棚田ネットワーク	東京 大阪

No.	協働事業名	分野	実施企業	実施NPO	地域
16	フィンランド×植育イベント	学術・文化・芸術・スポーツ、国際協力	㈱わかさ生活	(N)アイセック・ジャパン会員団体 アイセック同志社大学委員会	京都
17	知ること楽しむことやさしい暮らしのこと	社会教育、コミュニティづくり	トステム㈱	(N)夢職人 (N)くらしの助け合いの会江東しあわせ	東京
18	なら・未来創造基金協働	NPOの連絡・助言・支援	奈良中央信用金庫	(N)奈良NPOセンター	奈良
19	ドリカムスクール	まちづくり、子どもの健全育成	大和ハウス工業㈱	(N)日本教育開発協会	大阪
20	エコトレイン未来のゆめ・まち号	社会教育、環境保全	阪急電鉄㈱	(N)環境市民	京都 大阪
21	障がい者と協働で廃食油回収BDF製造	環境保全、まちづくり	サンイン技術コンサルタント㈱、㈳もみの木福社会、(学)かいけ幼稚園、鳥取県西部総合事務所	(N)エコパートナーとっとり	鳥取
22	カローラ de スマイル 社会貢献	地域安全、子どもの健全育成	トヨタカローラ愛媛㈱	(N)子育てネットワークえひめ	愛媛
23	食資源循環活動による環境のまちづくり	まちづくり、環境保全	㈲北九給食センター、医療法人光仁会	(N)伊万里はちがめプラン	佐賀
24	「未来をつなぐ夢はさみ」美容職業訓練	国際協力	ヘンケルジャパン㈱シュワルツコフプロフェッショナル事業本部	(N)国境なき子どもたち	東京
25	トリプルバドミントンから町づくりへ	保健・医療・福祉、学術・文化・芸術・スポーツ	㈲チャンプ	みんなでつくる学校とれぶりんか	大阪
26	ビーチマネーワインプロジェクト	まちづくり、環境保全	アンデス・アジア㈱	エコサーファー	東京 神奈川
27	坂本達さんと走ろう!夢の架け橋&講演会	国際協力、子どもの健全育成	㈱トヨタ自動織機	みかわForest&Aqua自然塾	愛知
28	ひらかたバスタウンマッププロジェクト	社会教育、まちづくり	京阪バス㈱、江崎グリコ㈱	(N)ひらかた環境ネットワーク会議	京都 大阪
29	チャリティハーブガーデンプロジェクト	まちづくり、環境保全	NECソフト㈱	(N) Green Works	東京
30	うんち教室およびうんち教室研修会	保健・医療・福祉、社会教育、子どもの健全育成	王子ネピア㈱	(N)日本トイレ研究所	東京

第2章 審査プロセスおよび評価方法

「第7回パートナーシップ大賞」の審査は下図のようなプロセスを経て行われました。

１．第7回パートナーシップ大賞　第一次審査

第一次審査では、応募書類や添付資料等に基づき、書類審査を行いました。協働事業の概要と成果、NPOと企業それぞれの組織について、1事業ずつ審議します。事業内容についてのチェック項目は、目標設定、先駆性、協働度、達成度、成長度、インパクトの6項目について、それぞれの項目を5点満点の5段階評価で点数化しました。それらをもとに、まず調査スタッフによる事前選考を行い、全30事例の中から相対的に点数が高いと評価される上位14事業に絞り、審査委員会へはかりました。

6名の審査委員は、それぞれ全書類に目を通した上で、独自の視点をもって予め採点しますが、調査スタッフの意見を参考にしながら、必要に応じて各事業から送られた添付資料などに目を通し審査を行いました。上位14事業以外にも、再評価に値するものはないか、また僅差で14事業に入らないものなども、前後と比較してどうかなど、審査員の専門的視点を加味し、慎重に議論を重ねた結果、今回は11事業について現地調査を行うことに決定しました。（11事業については本書第1部参照）

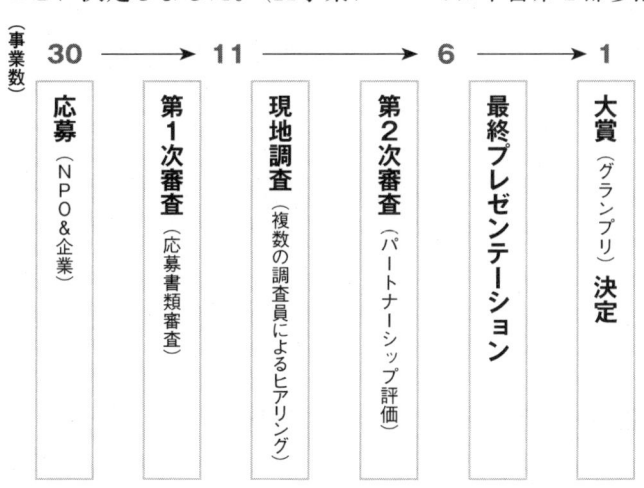

（事業数）
30 → 11 → 6 → 1

応募（NPO＆企業）→ 第1次審査（応募書類審査）→ 現地調査（複数の調査員によるヒアリング）→ 第2次審査（パートナーシップ評価）→ 最終プレゼンテーション → 大賞（グランプリ）決定

「パートナーシップ大賞」評価活動（決定まで）の流れ

2．第7回パートナーシップ大賞　第二次審査

　第一次審査を通過した11事業について、19名の調査スタッフが、それぞれ2名～3名ずつ現地に入りました。NPO・企業双方に対し、それぞれ「自己評価シート」に記入してもらった後、個別に取材調査をし、「調査員用評価シート」(いずれもPSC作成＊)を作成しました。調査に当たったスタッフがそれぞれ記入した評価シートを照らし合わせながら、1つの評価シートに細かくまとめる作業を行いました。(＊上記2種の評価シートは、すでに出版している『NPOと企業』等に掲載)

　評価項目は、(1)目標設定　(2)経過　(3)事業結果　(4)(社会への)インパクトの4つのフェーズで、(1)については目標設定、ミッション、自己評価、相手役割、他者認識、社会認識の6項目、(2)についてはマネジメント、危機管理、愉快度、役割分担の4項目、そして(3)については目標達成、合致度、役割補完、成長度、ネットワーク、継続度の6項目、(4)についてはインパクト、満足度、気づき、発展性の4項目、計20項目で構成されています。

　こうして調査スタッフによってまとめられた全11事業の評価結果を、第二次審査委員会前日の運営委員会に持ち寄りました。調査スタッフは、取材調査した結果、書類だけでは見えなかった点など、互いに報告しながら、それぞれの評点が妥当であるか否かを議論します。評価レベルのすり合わせを行い、11事業について、丸1日をかけて最終的な評点を決定していきました。さらに、過去の受賞事例との類似性、同分野における事業の先駆性、協働の対等性、事業分野や規模、地域など総合的に勘案して、翌日開催の第二次審査委員会に調査スタッフ案として提出しました。

　第二次審査委員会では、調査スタッフの取材にもとづいた情報や追加資料、調査スタッフの意見を参考にしながら、11事業すべてについて、1つずつ協働の度合や事業の成果、さらには社会に与えた影響、今後の可能性など、丁寧に審議を行い、最終審査に進む上位6事業を選出しました。

3．第7回パートナーシップ大賞　最終審査

　最終審査は11月27日(土)、ウィルあいち大会議室(名古屋市東区)にて行われました。

第二次審査を通過した6事業について、企業とNPO双方の代表者が、1事業あたり15分間のプレゼンテーションを実施。それぞれの団体・企業の特徴を活かし、工夫を凝らしたプレゼンテーションはハイレベルな戦いになりました。最終審査は、第二次審査の得点（160点満点）にこの最終プレゼンテーションの40点が加算され、計200点満点として審査員による評点がつけられました。

1）聴衆による『評価参加』
　最終審査の特徴は、審査員だけでなく会場の聴衆による「評価参加」を行う点です。審査の公開性を高めると同時に、協働事業を評価する際の基準や方法についても、参加者に提起して考えていただく機会として、今回も実施しました。
　当日、会場で全6事業の最終プレゼンテーションを聞いた参加者による評価は、「当日参加者用評価シート」に記入しました。協働度、先駆性、社会的影響力など事業の内容およびプレゼンテーションがわかりやすく工夫されていたかなど、発表・表現力について、それぞれ各5段階評価の計10点満点の得点をつけた上で「あなたが選ぶグランプリ」1つを投票していただきました。この参加者評価はすぐさま集計し、本審査中の審査委員に参考情報として提供されました。

2）「第7回パートナーシップ大賞」グランプリの決定
　参加者評価を考慮しつつ、審査委員による厳正な協議を経て、「第7回パートナーシップ大賞グランプリ」は、NPO法人長野サマライズ・センターとソフトバンクモバイル株式会社および国立大学法人筑波技術大学の3者協働による「モバイル型遠隔情報システム普及事業」が選出されました。聴覚障がい児支援のNPOが、大学と通信会社と連携し、携帯端末を利用した難聴児（者）への新しい情報保障システムを考案し、普及活動を行う事業です。既存の携帯端末と既存のフリーソフトとの組み合わせで考案されたパソコン要約筆記（文字）通訳は、開発そのものに大きなコストがかからず、大学の研究分野と企業の技術力、NPOの専門性を最大限に発揮して実現している協働事業です。このシステムの無料提供を継続実施していると同時に、全国への拡がりに期待が持てるところも高く評価されました。
　最終審査は接戦で、審査員の中でも意見が分かれました。またこの日

は審査員6名中2名が急遽当日欠席するという、かつて経験したことのない状況に陥りました。どうすべきか判断を迫られるなか、何としても評価の偏りを回避する必要があると判断し、事業内容を熟知している運営委員の中から5名が最終審査に加わり2名分をカバーすることを会場に提案し、了解を得ることができました。

　最終的に、審査員・運営委員の合計点に、最終プレゼンテーションと会場評価を加味し、審査員それぞれの視点による白熱した議論が展開された結果、グランプリが決定されたのです。

　なお、グランプリ以外の5事業には「パートナーシップ賞」が贈られました。「パートナーシップ大賞」グランプリならびに入賞のNPO、企業のそれぞれに記念盾が贈られたほか、副賞としてNPOに賞金（「グランプリ」は30万円、「入賞」は各10万円）が贈呈されました。

『第7回パートナーシップ大賞』グランプリと入賞5事業

賞	協働事業名（応募地域）	NPO／企業	解説
グランプリ	モバイル型遠隔情報保障システム普及事業（茨城・東京・長野）	NPO法人長野サマライズ・センター ソフトバンクモバイル株式会社 筑波技術大学	聴覚障がい者支援のNPOが、大学、通信会社と連携し、携帯端末を利用した難聴児（者）への新しい情報保障システムを発案。移動を伴う授業や大人が同席できない環境下でのパソコン要約筆記（文字）通訳を、既存のモバイル端末と既存のフリーソフトとの組み合わせで実現。全国へ向けてシステムの無料提供を行い、普及拡大に努め現在（受賞時）3年目を継続中。
パートナーシップ賞	高齢化する村を応援するプロジェクト事業（東京・大阪）	NPO法人棚田ネットワーク アストラゼネカ株式会社	社員3000人規模の製薬会社が、年に一度、同じ日に社員全員が社会貢献活動を行う。全国の棚田保全を行うNPOのコーディネートによって、全国39都道府県61ヵ所の高齢化・過疎化の著しい農山村地域で、各地域のニーズに応じた農作業、山仕事、環境整備等の支援を行う活動を5年間継続している。
パートナーシップ賞	車いす用雨カバー「ヌレント」開発事業（福岡）	NPO法人クックルー・ステップ トヨタハートフルプラザ福岡	障がい児への支援・応援を行うNPOからの提案で、雨天時の車いす用の雨カバーを、福祉車両総合展示場の企業と共同開発。全国のトヨタハートフルプラザのお店で販売している。雨の日のみならず「寒さよけ」「日よけ」「風よけ」と「交通安全」にも効果をもたらした。博多弁にちなんだネーミング「ヌレント」を全国に発信。
パートナーシップ賞	「未来をつなぐ夢はさみ」美容職業訓練事業（東京）	NPO法人国境なき子どもたち ヘンケルジャパン株式会社　シュワルツコフプロフェッショナル事業部	国際支援を行うNPOと、化学品・化粧品を製造販売する企業との連携で、カンボジアの恵まれない青少年を対象に、日本の高い美容技術を伝えて職業訓練を行い、現地の若者の自立支援を促す。全国の美容サロンからトレーナーを募り、はさみなど器材の寄付を呼びかけるとともに、ポスターや募金箱の設置により一般市民からの寄付と関心を集める。
パートナーシップ賞	食資源循環活動による環境のまちづくり事業（佐賀）	NPO法人伊万里はちがめプラン 有限会社北九給食センター 医療法人 光仁会	飲食店や食品関連企業、病院等から出される生ごみを、NPOが営むプラントで堆肥化し、地域の農産物直売所やレストラン・ホテル等で販売。一般家庭からも生ごみを回収し「はちがめ生ごみステーション市民の会」が結成され、市民のリサイクル意識も向上している。一連の技術とノウハウを他府県の市民団体へ移転・支援する事業も始まっている。
パートナーシップ賞	高齢者介護施設ビューティーキャラバン事業（愛知）	NPO法人全国福祉理美容師養成協会 東海ゴム工業株式会社	訪問理美容サービスを行うNPOと企業、地元大学の協働で、介護施設に入所する高齢者への「ビューティーキャラバン」を展開中。ファッションコーディネートとヘアメイクを行い、きれいになった姿を写真に収め家族にも送付する。一連の効果を、ファッション・医療の両面から調査するとともに、学生は得意分野を活かしたボランティアができる。

3）総評

　皆さまお疲れさまでした。皆さまこの本を買っていただけましたでしょうか？『「第6回パートナーシップ大賞」受賞事例集～協働の10年これまで・これから～』。ここに、私が前回も委員長として、総評を述べたのですが、また同じことを言わなければなりません。

　と言うのは、この中に「本当に点差が少なくて審査員によって順位が違いました。このような審査は本当に難しいものです」と書いてあるのですが、今年も同じでした。本当にそれぞれの審査員の点数と会場の皆さまにつけていただいた点数が違いまして、それを総合的に話し合って、今回はソフトバンクモバイルと長野サマライズ・センターに決まりました。これはさまざまな観点から評価させていただいた結果、特に、NPOと企業と大学等いろんな関係者が関わって、1NPOと1企業との協働ではなく、まさにネットワークで新システムを作られた、という点が高く評価され、グランプリにふさわしいと言う結論に至りました。

　ソフトバンクモバイルさんが「本気でやっております」と言われましたが、私はそこにたいへん感銘を受けました。皆さん本気でやっておられると思いますが、そのように宣言された以上、これからもますます本気でやっていただきたいと思います。

　今年はまた、グランプリの他にも、大学、病院など、いろいろな関係者が協働されるという事業が増えてきたのが特徴と思われます。単なる線から、面的な協働事業に拡がっており、非常に喜ばしいことと思います。本当に皆さんにグランプリを差し上げたい事例ばかりでした。

　これを機会に、これからの新しい公共をNPOと企業の協働で創りだしていきたいと思います。先ほど伊万里はちがめプランの理事長さんから、なかなか市長が我々の言うことを聞いてくれない、というお話がでましたが、行政もだんだん財政が厳しくなっていますので、あまりあてにしないで、我々の力で新しい公共を創り出して、また元気のある日本にしたいと思っています。

　皆さん一緒に頑張りましょう。

（今田忠・審査委員長あいさつから）

4. ミニ講演会「第5回パートナーシップ大賞グランプリ受賞その後」
〜電車が"つなぐ"まちの文化・人のこころ〜

第5回パートナーシップ大賞グランプリ受賞
石坂線21駅の顔づくりグループ代表　福井美知子 氏

　この賞をいただいて今日までの3年間を振り返ってみますと、パートナーシップ大賞グランプリを受賞したこともさることながら、パートナーシップ・サポートセンターの岸田さんをはじめとする、皆さんが創り出し提供してくださっているネットワークの力の素晴らしさは、私たちのその後の活動に、非常に大きな意義をもたらしてくれました。

　この活動は、「市民に愛され信頼される鉄道でありたい」という会社のモットーを持つ京阪電車の大津鉄道事業部の願いと、地域の電車が、人と人をつなぐ存在であったと気づいた市民たちとで行っています。2001年、行政の呼びかけで集まったこの地域のまちづくりに関心のあるNPOなど35のグループが何度も討議を繰り返して、大津のまちづくりのいくつかの要素を導き出しました。その「コミュニティをデザインする」という提案書の中身の1つに「京阪石坂線を活かそう」というものがありました。その中の1つが2002年に選ばれ、行政が仲人をしてくれ、京阪さんと出合い「駅は自分の住む家の玄関である、駅と家を結ぶ働き

かけができないか」ということで「駅の顔づくり」をしました。駅に花壇をつくり、駅の掲示板を通学路線になっている学校の作品発表の場にし、2004年、いくつかの駅が「点」でつながりました。その年に作品を出した中高生たちの交流会をしたところ、ある学生から「もっと他の学校の駅のことを知りたい。もっとつながりたい」とつぶやきがありました。そして2005年、全部の学校の作品を電車に乗せて文化祭を行うことになりました。全長14.1km。日本で一番細長い美術館ができました。今度は「線」がつながりました。

　ある時ひとりのスタッフが「高校の時に、あの電車のあの時間にあの娘が乗っていたので、ぼくはいつも

ここに乗っていた」とつぶやきました。それを聞いてそこで同じ時代に電車に乗っていた人たちの、「青春同窓会号」を企画しました。「電車と青春初恋」というテーマで、全国からメッセージを公募しました。1年目で2300通もの応募があり、審査員は俵万智さんにお願いしました。ここまでの話が、2007年にグランプリをいただいた時の発表内容です。

その後、私たちは電車を使った活動を通じ、もっと多くの市民の意見を組み込みたいという思いから「市民メディア」を発行しました。市民からの応募を募り、インタビューや記者会見の仕方、編集など全部で6回の市民記者養成講座を行い、「21世紀タイムス」ができました。1万部発行し、各駅や銀行などで配布しています。2009年からは「電車ができる福祉」ということで、社会福祉協議会と相談をして「思い出お花見号」というプロジェクトを行いました。車内には菜の花を飾りました。沿線お花見マップを作り、お花見列車を走らせました。

私たちは「電車」をキーワードに、周辺企業、自治会、NPO、社会福祉協議会など、多くの団体と思いを共有するさまざまな活動に発展しています。これからもさらにネットワークを駆使して、企業と市民が想いを1つにし、持続可能な心和む笑顔が生まれるまちづくりに取り組んでいきたいと思っております。

どうぞ皆さんも大津へお越しください。そして京阪電車に乗ってください。

「第7回パートナーシップ大賞」を終えて

　皆さま、本日は長時間にわたりありがとうございました。6つの事業、それぞれが素晴らしい事業でした。皆さまお一人おひとりの胸の中には「どの事業が一番良かった」というのがあると思いますが、きっと千差万別ではないでしょうか。と言いますのは、実は、審査員の中でも意見が分かれました。ほぼ毎年と言っていいのですが、直前まで「きっとこの事業が1位だ」と思っていても、会場での評価が全く違ったり、あるいは完全に覆ってしまう、といったことがこれまでにもたびたびありました。

　今回のすべての応募30事業全体を通して言いますと、粒がそろっていた、と言えばいいのでしょうか、どれも同じくらいの印象レベルで、逆にいえば、当初は飛びぬけている事業というのがあまり感じとれなかったのです。本日、会場の皆さまの評価にそれだけばらつきがあったということで、その意味がきっとおわかりいただけるのではないかと思います。

　また今回の特徴の1つは、NPOと企業との協働に「大学」というキーワードがかなり深く入ってきたことです。もちろんこれまでも、「行政」というキーワードは何度も出てきてはいましたが、今回そこにプラス「大学」というものが大きく関わってきたことが、今回の大きな特徴の1つということができると思います。それは、私が本日冒頭に申し上げました「新しい公共」というキーワードですが、1つの課題に対して、まさにマルチステークホルダーという、さまざまな人が協力し合っていかなければ問題が解決しない時代に入って来ている、ということを示しているのではないかと思います。

　一方で、「CSR」という言葉も、今日何度も出てきました。企業はもちろんNPOも行政も社会的責任を持って取り組んで行かなければならない時代でもあります。そういう時代だからこそ、私は、この「パートナーシップ大賞」の意味はより深くなっていると考えています。

　「次も開催できるのだろうか？」という、資金的に厳しい中で、私たちも常に不安を抱えながらではありますが、皆さんのご協力・ご支援をいただきながら、何としてもパートナーシップ大賞を続けていかなければ、と思っております。会場の皆さんからも、「パートナーシップ大賞がこんなに素晴らしい意味を持っていると知らなかった」というコメン

トもいくつかいただきました。

　そういう点からも、私たちが1998年にパートナーシップ・サポートセンター（PSC）を立ち上げ、2002年から始めたこの「パートナーシップ大賞」の意味は、当初に比べてより大きくなっていると感じています。また、NPOと企業の協働について、全国に私たち以上に「パートナーシップ大賞」について分析してくださる研究者や関心をもってくださるNPOの方たちなどがいらっしゃるのは心強い限りです。

　ぜひ今後とも、皆さまにご協力いただきながら、このパートナーシップ大賞を通じて社会のさまざまな課題を解決できればと思っています。本日は長い時間をお付き合いいただき、本当にありがとうございました。

（岸田眞代・主催者代表あいさつから）

■筆者紹介（50音順）

面高　俊文　Omodaka Toshihumi
　パートナーシップ・サポートセンター監事。立教大学経済学部卒。日本電装株式会社（現、株式会社デンソー）入社。デンソー総務部長時代から企業の社会的責任とNPOとのパートナーシップ・協働の促進に取り組み、パートナーシップ・サポートセンター、NPO法人アジア車いす交流センターなどの設立に参画。1999年愛知県民間非営利活動促進に関する懇話会委員、2004年から愛知県行政評価委員会委員、2007年から愛知県市場化テスト監理委員会委員、2008年から知事のマニフェストの進捗を検証する愛知県ロードマップ208アドバイザーを歴任。

小室　達章　Komuro Tatsuaki
　パートナーシップ・サポートセンター会員。金城学院大学現代文化学部准教授。名古屋大学大学院経済学研究科博士後期課程修了。専攻はリスクマネジメント論。「企業と社会」論の視点から、企業リスクマネジメント・危機管理のあり方を考察する。特にステークホルダーに対するリスクコミュニケーションを、リスクマネジメント論の体系に位置づけていくことに関心をもつ。日本経営学会、組織学会などに所属。

杉田　教夫　Sugita Norio
　パートナーシップ・サポートセンター会員。2005年、損害保険会社を早期退職し、2011年4月までNPO法人パブリックリソースセンター　プログラムオフィサーとして、主に社会的責任投資に関わる企業の調査・評価に携わった。現在、長野県茅野市で野菜作りをしながら、NPO法人労働相談センターにおいて、全国からのさまざまな雇用問題に関する相談に対応。全国一般労働組合東京地本損保支部アドバイザー。

高浦　康有　Takaura Yasunari
　パートナーシップ・サポートセンター・プロジェクト委員。東北大学大学院経済学研究科准教授。一橋大学大学院商学研究科博士課程退学、専攻は企業倫理。学内外で企業の社会的責任、企業とNPOのアライアンス関係、ソーシャル・ベンチャーなどについて幅広く教育および研究活動を行なっている。日本経営倫理学会理事。

津田　秀和　Tsuda Hidekazu
　パートナーシップ・サポートセンター会員。愛知学院大学経営学部准教授。名古屋大学大学院経済学研究科博士後期課程修了。専攻は企業論（コーポレート・ガバナンス論）。「企業と社会」論、CSR論の観点からコーポレート・ガバナンスを中心に企業のあり方を考察する。ケーススタディ全般に興味を持っているが、とりわけ、多主体間での相互行為から形成される企業行動のメカニズムの解明、およびケースを用いた教育手法に関心を持つ。日本経営学会、経営行動研究学会、日本コーポレート・ガバナンス・フォーラムなどに所属。

長谷川　直哉　Hasegawa Naoya
　パートナーシップ・サポートセンター会員。パートナーシップ大賞運営委員。法政大学人間環境学部人間環境学科教授。博士（経営学）。専門はCSR論、CSR・環境金融、経営倫理、経営史。横浜国立大学大学院国際社会科学研究科博士後期課程修了。㈱損害保険ジャパンにおいて社会的責任投資ファンドの企画・運用に従事。中央大学大学院、山梨大学大学院、芝浦工業大学大学院兼任講師、やまなしコミュニティビジネス推進協議会幹事など。環境経営学会、環境経済政策学会、日本経営倫理学会などに所属。著書に『環境経営学の扉』（共著、

文眞堂)、『生態会計への招待』(共著、森山書店)、『スズキを創った男 鈴木道雄』(単著、三重大学出版会) など多数。

藤野　正弘　Fujino　Masahiro

パートナーシップ・サポートセンター会員。NPO法人きょうとNPOセンター　理事・プロジェクトマネージャー。54歳の時に外資系企業を早期退職してNPOの世界に飛び込む。同センターでは、事業企画やマネジメントに関する相談を通してNPO支援を行うとともに、中小企業のCSRを応援する目的でCSRサポートデスクを運営している。また、企業とNPOのパートナーシップをサポートする活動の一環でCSRを研究テーマとし、2007年に龍谷大学法学研究科修士課程修了。現在は京都災害ボランティア支援センター長を兼務。他に京都CSR推進協議会理事、きょうとグリーンファンド理事、京都ソーシャルアントレプレナーネットワーク運営委員。

松下　重雄　Matsushita　Shigeo

パートナーシップ・サポートセンター会員。金沢大学地域連携推進センター准教授。北海道大学大学院工学研究科修了。民間シンクタンク研究員を経て、1996年より「パートナーシップによるまちづくり」をスローガンに掲げた団体である㈶日本グラウンドワーク協会の企画スタッフとして全国各地のまちづくりの支援を行う。著書に『英国発グラウンドワーク―「新しい公共」を実現するために』(共著、春風社) 等がある。2010年より現職。

水野　真由美　Mizuno　Mayumi

パートナーシップ・サポートセンター協働コーディネーター。NPO法人SKIP理事長。NPO法人子ども＆まちネット理事。1994年より、SKIPのメンバーとなり、託児付き朝の本格的クラシックコンサート「Good Morning! Good Concert!!」の企画運営に参画。2006年度なごやボランティア・NPOセンター運営審議会委員。2007年度愛知県NPOアドバイザー。2009年度・2010年度名古屋市子育て支援企業認定審査会委員。愛知県NPOと行政の協働に関する実務者会議構成員。パートナーシップ大賞事務局担当。

横山　恵子　Yokoyama　Keiko

パートナーシップ・サポートセンター会員。神戸学院大学経営学部教授。北海道大学大学院経済学研究科博士後期課程修了。博士 (経営学)。CSR戦略、企業とNPOの戦略的協働についての研究および教育活動を行っている。著書に『企業の社会戦略とNPO』(単著、白桃書房)、『新しい公共空間のデザイン』(共著、東海大学出版会) 等がある。

〈編著者紹介〉

岸田 眞代　Kishida Masayo

特定非営利活動法人パートナーシップ・サポートセンター(PSC)代表理事。大学卒業後、商社勤務、新聞・雑誌記者、経営コンサルタント会社等を経て㈲ヒューマンネット・あい設立。「リーダーに求められる要件・能力200問(自己分析)」を開発。企業・行政研修講師。1993年 NPO と出合い、94年名古屋で初の NPO セミナー開催。96年「企業と NPO のパートナーシップスタディツアー」を企画実施。98年パートナーシップ・サポートセンター(PSC)を設立。2000年「パートナーシップ評価」発表。2002年には「パートナーシップ大賞」を創設した。各種行政委員歴任。日本 NPO 学会理事。編著書は「パートナーシップ大賞」第1回〜第6回事例集、『中小企業の環境経営』(サンライズ出版　2010.3)ほか、「企業と NPO のためのパートナーシップガイド」「女が働く　均等法その現実」「中間管理職―女性社員育成への道―」等多数。

［連絡先］
特定非営利活動法人パートナーシップ・サポートセンター（PSC）
〒464-0067 愛知県名古屋市千種区池下 1-11-21　サンコート池下4階
TEL：052-762-0401　FAX：052-762-0407
E-mail：kishida@psc.or.jp　URL：http://www.psc.or.jp

「第7回パートナーシップ大賞」受賞事例集
NPO&企業 協働評価　目指せ！「パートナーシップ大賞」

2011年9月15日　第1刷発行

編　者　岸田　眞代

発行所　特定非営利活動法人パートナーシップ・サポートセンター（PSC）
　　　　〒464-0067 名古屋市千種区池下 1-11-21　サンコート池下4階
　　　　TEL：052-762-0401

発　売　サンライズ出版
　　　　〒522-0004 滋賀県彦根市鳥居本町655-1
　　　　TEL：0749-22-0627

©パートナーシップ・サポートセンター 2011　Printed in Japan
ISBN978-4-88325-462-0
定価はカバーに表示しています。　乱丁本・落丁本は小社にてお取り替えいたします。

パートナーシップ・サポートセンター(PSC)の書籍紹介

「パートナーシップ大賞」で最終審査に残った事業や、現地調査した協働事業を紹介。「協働とは何か」「評価プロセス」「CSRとは何か」「NPOと企業の新しい関係」「CSR報告書100社分析」「協働のコツ」など常に最先端のテーマで迫る、企業とNPOのパートナーシップのための教本。

「第1回パートナーシップ大賞」受賞事例集
NPOと企業 協働へのチャレンジ
ケース・スタディ11選
(同文舘出版 2003.3) 定価：2,000円＋税

「第2回パートナーシップ大賞」受賞事例集
NPOからみたCSR 協働へのチャレンジ
ケース・スタディⅡ
(同文舘出版 2005.2) 定価：2,300円＋税

「第3回パートナーシップ大賞」受賞事例集
企業とNPOのパートナーシップ
CSR報告書100社分析 ケーススタディⅢ
(同文舘出版 2006.6) 定価：2,200円＋税

「第4回パートナーシップ大賞」受賞事例集
CSRに効く！ 企業＆NPO協働のコツ
(風媒社 2007.10) 定価：2,000円＋税

「第5回パートナーシップ大賞」受賞事例集
点から線へ 線から面へ
(風媒社 2008.11) 定価：1,000円＋税

「第6回パートナーシップ大賞」受賞事例集
NPO&企業 協働の10年 これまでこれから
(サンライズ出版 2010.12) 定価：1,400円＋税

東海地域における循環・環境配慮型地域社会構築のヒントとなる一冊
中小企業の環境経営 地域と生物多様性
(サンライズ出版 2010.3) 定価：1,200円＋税